FE Y CONFIANZA

Si confías en el Señor y en el poder de la oración, podrás superar todos los sentimientos de duda, temor y soledad que sienten a menudo las personas.

La fe es un don de Dios. Sin la fe no habría vida. Y nuestro trabajo, para ser fructífero, para ser todo para Dios, y sobre todo para ser hermoso, debe basarse en la fe, en la fe en Cristo que dijo: "Estuve hambriento, desnudo y enfermo, y carecía de un hogar donde guarecerme, y tú me has cuidado". Todo nuestro trabajo se basa en esas palabras de Él.

Nuestra sagrada fe no es sino el evangelio del amor, revelándonos el amor de Dios por los hombres y exigiendo a su vez el amor del hombre a Dios.

La falta de fe, la escasez de fe, se debe a que hay tanto egoísmo y tanta ambición individual. Pero, para que la fe sea verdadera, tiene que haber un amor que se brinde sin barreras. El amor y la fe son inseparables. Se complementan entre sí.

Confía en Dios. Siente la seguridad de la Divina Providencia. Él proveerá. Deja que Él te ponga a prueba y que confíe en nuestra fe. Sírvele. Ten fe y confianza.

La gente no sabe que ha perdido su fe. Si estuviese convencida de que la persona que yace en el barro es su propio hermano, creo que no dejaría de hacer algo por esa persona. Pero la gente no conoce la compasión. No conoce a la gente. Si comprendiese, captaría de inmediato la grandeza del pobre tirado en la alcantarilla, y no podría dejar de amarlo. Y ese amor seguramente la llevaría a ayudarlo.

Dios mío, Tú, sólo Tú. Confío en tu llamado, en tu inspiración. Tú no me vas a fallar.

Llevar una vida cristiana promueve el crecimiento de la fe. Muchos grandes santos han guiado nuestro camino, pero a mí me gustan los más sencillos, como Santa Teresa de Lisieux, Teresita del Niño Jesús. Elegí su nombre para mí porque realzaba cosas ordinarias con un amor extraordinario.

Dios lo decide todo: cuándo vivimos y cuándo morimos. Debemos tener fe en Él y hacer la tarea que nos ha señalado hasta nuestra muerte.

El futuro no está en nuestras manos. No ejercemos poder sobre él. Sólo nos queda actuar aquí y ahora. Nuestro Señor nos dijo que no nos preocupemos por el mañana, que el mañana está en sus manos. Así es que no nos preocupamos por el futuro. Jesús es siempre el mismo, ayer, hoy y mañana. Jesús es siempre el mismo, y sólo Él importa.

Debemos poner nuestra confianza en Él y amarlo, creer en Él, trabajar para Él, confiar en Él. Si rezamos, obtendremos todas las respuestas que necesitamos.

Dale a Jesús no sólo tus manos para servirlo, sino también tu corazón para amar. Reza, con confianza absoluta en la amante protección de Dios. Deja que disponga de ti sin consultarte. Deja que Jesús te llene de alegría, de manera tal que sin predicar estés predicando.

No intentamos predicar la religión sino mostrar nuestra fe a través de nuestros actos y dedicación.

Una cosa que Jesús me pide es que me apoye totalmente en Él. Que sólo en Él confíe, en forma absoluta. Que me abandone a Él sin reservas. Tengo que renunciar a mis propios deseos en la búsqueda de mi perfección. Aun cuando siento que soy como un barco sin brújula, tengo que entregarme por completo a Él. No debo tratar de controlar las acciones de Dios. No debo pretender percibir con claridad mis progresos en el camino, ni saber con exactitud adónde, en qué punto del camino a la santidad me encuentro. Le pido a Él que me confiera santidad, pero tengo que dejarle a Él la elección del tipo de santidad que habrá de otorgarme, y sobre todo de los medios que me habrán de llevar a ella.

Cuando uno conoce a Dios, nunca más está solo.

Nuestra dependencia de la Divina Providencia se expresa a través de una firme fe en que Dios puede y quiere ayudarnos. Que Él puede es evidente, ya que es todopoderoso. Y no cabe duda alguna de que quiere ayudarnos y de que nos ayudará, nos lo ha prometido en tantos pasajes de las Sagradas Escrituras, y porque Él es infinitamente fiel a todas sus promesas. Cristo nos alienta a confiar en Él con estas palabras: "Todo cuanto hayáis pedido en vuestras oraciones, tomadlo como concedido, y será vuestro".

La fe es un don divino, pero hay que trabajar para conservarla.

Podemos transitar por los lugares más terribles sin temor, porque Jesús en nosotros nunca nos decepcionará. Jesús en nosotros es nuestro amor, nuestra fuerza, nuestra alegría y nuestra compasión.

En el fondo todos creemos en Dios. Algunos se resisten porque no están dispuestos a un cambio.

El que dice que no cree, ya está abrazando la idea de su creencia.

Si Dios alimenta a los pequeños cuervos que oye gritar; si alimenta a las aves que no siembran, ni cosechan, ni guardan en graneros; si viste tan bellamente a los lirios del campo, ¡cuánto más habrá de cuidar de los hombres que ha creado a Su imagen y semejanza, y adoptado como sus hijos! Basta que actuemos como tales, que observemos Sus mandamientos, y que tengamos confianza en Él.

¡Si los poderosos supieran cuán solos están en la cima del poder! No saben en quién confiar. Les digo que confíen en el Altísimo y en sí mismos. Los he visto con lágrimas en los ojos hablarme de su soledad y de su desesperada necesidad de fe.

La fe en acción es amor, y el amor en acción es servicio. Por lo tanto, la "forma de vida" no es sino el fruto de la fe. La fe tiene que convertirse en una acción de amor si quiere vivir. Y el amor, para ser real y vivo —para ser el amor de Dios en acción—, debe ser servicio…

Quisiera muchísimo que todo el mundo conociese a Dios y supiera amarlo y servirlo, porque en ello radica la verdadera felicidad. Quisiera que todo el mundo tuviese la fe que yo tengo. Pero eso lo elige cada uno. Si ven la luz, tienen la posibilidad de seguirla. Yo no les puedo dar la luz, sólo puedo darles las herramientas para lograrla.

Tienes que rendirte a Dios y confiar en Él plenamente. Si lo haces, todas tus dudas quedarán despejadas y te sentirás lleno de convicción.

Quiero darles a ustedes el tesoro que yo poseo, pero no puedo. Puedo rezar para que tengan la valentía de recibirlo. Quiero transmitirles el tesoro de la fe que yo poseo, pero no puedo. Sólo puedo orar para que Dios les conceda el coraje de recibirlo. Porque la fe es un don de Dios, es el gran regalo que nos ofrece a través de la Sagrada Comunión, que calma el hambre y aplaca la sed de Dios, a cuya imagen y semejanza hemos sido creados.

Si realmente pertenecemos por completo a Dios, tenemos que estar a Su entera disposición, y tenemos que confiar plenamente en Él. Nunca debemos preocuparnos por el futuro. No hay motivo para ello. Dios está aquí... nada nos falta, siempre hay algo, a pesar de que no tenemos salarios, ni ingresos fijos, ni nada. Recibimos gratuitamente y damos gratuitamente. Este es el más hermoso regalo que nos hace Dios.

El apóstol San Pedro nos ordena depositar todas nuestras preocupaciones en el Señor que vela por nosotros. ¿Y por qué no habría de cuidar de nosotros Él, que nos envió a Su Hijo? Dice San Agustín: "¿Cómo podemos dudar de que Dios nos dará cosas buenas, sabiendo que se dignó a cargar con el mal por nosotros?"

Esto nos tiene que dar confianza en la Providencia de Dios, que cuida de las aves y de las flores...

No quiero que el trabajo se convierta en un negocio, sino que sea siempre una obra de amor. Quiero que todos tengan la plena confianza de que Dios no nos abandonará. Tómenlo por Su palabra, y busquen primero el Reino de los Cielos, y todo lo demás vendrá por añadidura.

Nuestra Señora tuvo que proclamarse esclava del Señor antes que Dios pudiese llenarla. Aun en el momento en que vio a su hijo muriendo en la cruz no dejó de confiar en Dios. Nuestra Señora se convirtió en la Madre Dolorosa porque siempre dijo "sí" al Señor con plena confianza, con toda su alegría, confiando en Él sin reserva.

RECONCILIACIÓN, PERDÓN Y PAZ

—————————— ✠ ——————————

Sabemos que, si realmente queremos amar, tenemos que aprender a perdonar.

Recuerdo también que una vez recogí a una mujer tirada sobre un montón de desperdicios y me di cuenta de que se estaba muriendo. La levanté y la llevé a nuestro hogar. Se la pasaba repitiendo continuamente: "Mi hijo me hizo esto". Ni una sola vez dijo: "Tengo hambre", "me estoy muriendo". Me llevó mucho tiempo hasta poder ayudarla a decir: "Perdono a mi hijo", antes de morir.

Recuerda que si te arrepientes de verdad, si lo deseas fervientemente con el corazón limpio, serás absuelto ante los ojos de Dios.

La reconciliación comienza no con los demás, sino con nosotros mismos. Comienza cuando se tiene un corazón limpio. Un corazón limpio posee la capacidad de ver a Dios en los demás. Nuestra lengua, esa parte de nuestro cuerpo que entra en contacto directo con el cuerpo de Cristo a través de la Comunión, puede convertirse en instrumento de paz y de alegría o también en instrumento de pena y dolor... Perdona y pide perdón; excúsate en lugar de acusar.

Si cada uno pudiese ver la imagen de Dios en su vecino, ¿creen que todavía necesitaríamos tanques y generales?

Dios es la pureza misma. Nada impuro puede presentarse ante Él, pero no creo que Dios pueda odiar, porque Dios es amor, y Dios nos ama a pesar de nuestras miserias y de nuestros pecados. Él es nuestro amadísimo Padre, de modo que sólo tenemos que volvernos hacia Él. Dios no puede odiar. Dios ama porque Él es amor, pero la falta de pureza se interpone como un obstáculo entre nosotros y no nos permite ver a Dios. Esto no vale sólo para los pecados de impureza, sino para cualquier cosa que nos aparte de Dios. Cualquier cosa que nos haga menos iguales a Cristo; cualquier odio que llevemos adentro; cualquier falta de caridad, también son "impureza". Si estamos llenos de pecado, Dios no puede habitar en nosotros, porque ni Dios puede llenar un espacio ocupado por otra cosa. Es por eso que necesitamos del perdón, para vaciarnos nuevamente, para que Dios nos pueda llenar con su presencia.

Dios siempre perdona y libera, si nos acordamos de Él y le entregamos nuestro momento.

Cuando nos amargamos por acciones de los unos a los otros, amargamos a Jesús. Analicémonos y tratemos de ver cuándo y cómo entró la amargura en nuestros corazones. ¿Quién nos hizo tan duros? ¿La vida de quién amargué por mi falta de amor y de bondad? Vaciemos nuestros corazones de toda amargura, a través de una sincera confesión. La confesión no es sino presentarme ante Jesús tal como lo hizo la pecadora, porque yo misma detecté mi pecado... Voy al confesionario como un pecador lleno de pecado, pero lo dejo como un pecador absuelto.

Reza para poder perdonar a aquellos que te han herido y que no te gustan y perdónalos como tú has sido perdonado.

Prediquemos la paz de Cristo como Él mismo lo hizo. Simplemente haciendo el bien, sin pausa. Él no interrumpió su obra de caridad porque los fariseos y otros lo odiaban o procuraban arruinar el trabajo de Su Padre. Simplemente prosiguió haciendo el bien. El Cardenal Newman escribió: "Ayúdame a derramar tu fragancia por doquiera que yo vaya. Ayúdame a predicarte sin predicar; no quiero predicar con palabras, sino con mi ejemplo". Nuestras obras de amor no son sino obras de paz.

Si no tenemos paz en el mundo es porque hemos olvidado que nos pertenecemos el uno al otro, que ese hombre, esa mujer, esa criatura, es mi hermano o mi hermana...

No usemos bombas ni armas para dominar el mundo. Usemos amor y compasión. La paz comienza con una sonrisa. Sonríe cinco veces por día a alguien a quien, en realidad, no le quisieras sonreír en absoluto: hazlo por la paz. Irradiemos así la paz de Dios, y encenderemos Su luz y extinguiremos en el mundo y en el corazón de los hombres el odio y la sed de poder.

Debemos tratar de evitar el juzgar a las personas. Si las juzgamos, no les estamos dando amor.

Hay muchos problemas en el mundo de hoy, y pienso que gran parte de los mismos tienen su punto de partida en el seno del hogar. El mundo entero sufre tanto porque no hay paz. Y no hay paz en el mundo porque ya no hay paz en la familia, y existen miles y miles de hogares deshechos. Tenemos que convertir a nuestros hogares en centros de compasión y perdón infinito, y así ayudar a que vuelva a reinar la paz.

El aborto mata la paz en el mundo. Es el peor enemigo de la paz, porque si una madre es capaz de destruir a su propio hijo, ¿qué queda para los demás, sino matarse entre ellos? Nada se lo podrá impedir.

Dios tiene su propia manera y sus propios medios para trabajar en los corazones de los hombres, y no sabemos si están cerca o lejos de Dios; pero a través de las acciones de nuestro prójimo sabremos si está a disposición del Señor o no... no debemos condenar ni juzgar ni usar palabras que puedan herir a la gente. Quizá alguien nunca haya oído hablar del cristianismo. No sabemos bajo qué forma Dios aparece ante esa alma y de qué manera Dios la acerca a Él. Por lo tanto, ¿quiénes somos para juzgar o condenar?

Siempre habrá malos entendidos y discusiones; siempre se dirán palabras duras. Siempre habrá alguien que lleve chismes hirientes. Pero Jesús está aquí para enseñarnos a amar.

Nos hemos acostumbrado tanto los unos a los otros, que algunos piensan que tienen plena libertad de decir cualquier cosa a cualquiera, en cualquier momento... ¿Por qué no pensar un poco antes.de hablar por hablar? Sabemos lo que uno mismo es capaz de aguantar, pero no cuánto puede soportar el otro.

En el Evangelio muchas veces encontramos repetida la expresión "Venid a mí", "Quien venga a mí no será rechazado", "Dejad que los niños vengan a mí". Siempre tenemos que estar dispuestos a recibir, a perdonar, a amar y a cerciorarnos de que comprendemos en toda su extensión lo que Él nos quiere decir cuando afirma: "Os digo que lo que hacéis al más pequeño de mis Hermanos, me lo hacéis a mí".

Las obras de amor son siempre obras de paz. Cuando se comparte el amor con los demás, se percibe la paz que se apodera de ellos y de uno mismo.

Todas las noches antes de dormir debemos realizar un examen de conciencia por si fuera nuestro último día. Con cada examen de conciencia debemos remediar lo que hayamos hecho mal. Nuestra conciencia es sabia y no resiste el engaño. Se debe pedir perdón y saber perdonar.

Si no logramos pedir perdón a alguien en particular, deberíamos disculparnos con Dios, que es misericordia pura. Es necesario estar libre de cargas y con el corazón puro.

Se debe rezar para poder perdonar a quienes nos hayan herido y dañado. ¿Cómo podemos pedir perdón a Dios si no sabemos perdonar a los otros?

El camino más rápido y más eficaz hacia la consideración para con el prójimo pasa por nuestra palabra... usémosla para hacer el bien. Si piensas bien de tu prójimo, también hablarás bien de él y con él. Tu palabra reflejará la riqueza de tu corazón. Si tu corazón está lleno de amor, también tus palabras serán de amor.

La violencia de la palabra es muy real y concreta, la lengua suele ser más filosa que la más afilada daga, hiriendo y creando amarguras que sólo la gracia divina puede curar.

¿Conozco realmente la dimensión del pecado? ¿Sé realmente mirar el crucifijo? Al mirar la cruz podemos apreciar cuán profundos son nuestros pecados. Tomen el crucifijo en sus manos y mediten. Jesús tuvo compasión con los pecadores. Jesús no condenó a la mujer que había pecado. También a mí me perdonará.

Agradezcamos a Dios su don de paz, que nos recuerda que hemos sido creados para vivir esa paz, y que Jesús se hizo hombre como nosotros en todo, menos en el pecado; proclamó con toda claridad que vino a traernos la Buena Nueva. La Buena Nueva era la paz para todos los hombres de buena voluntad. Si hay algo que todos deseamos, es la paz del espíritu.

El nacimiento de Jesús en Belén trajo alegría al mundo y a los corazones de los hombres. El mismo Jesús vuelve una y otra vez a nuestros corazones durante la Santa Comunión. Quiere darnos la misma alegría, la misma paz. Que su llegada nos traiga a cada uno de nosotros la paz y la alegría que Él desea para nosotros. Oremos para recibir esta gracia en nuestros corazones, en nuestras comunidades y en la Iglesia.

Tenemos que llevar paz, amor y compasión al mundo actual. No necesitamos armas ni bombas para hacerlo. La compasión y el amor tienen que crecer desde dentro, a partir de nuestra unión con Cristo. Y de esa unión surge, como fruto natural, el amor hacia la familia, hacia el prójimo, hacia los pobres.

FAMILIA Y MATRIMONIO

Mi familia física ya no está en la Tierra. Los pobres del mundo pasaron a ser mi vida y mi familia.

Nuestras Hermanas trabajan en todo el mundo, y han visto todos los problemas, todas las miserias, todo el sufrimiento. ¿De dónde proviene tanto sufrimiento? Proviene de la falta de amor y de la falta de oración. La unión familiar, el rezar juntos, el reunirse y el permanecer juntos se ha ido perdiendo. El amor comienza en nuestro hogar, y encontraremos a los pobres en nuestra propia casa.

Tenemos una casa en Londres. Nuestras Hermanas allí suelen trabajar de noche, saliendo para recoger a los pobres en las calles. Una noche, muy tarde, encontraron a un joven tirado en la calle, y le dijeron: "No debieras estar aquí sino con tus padres"; él les respondió: "Cuando voy a casa, mi madre no me quiere recibir porque tengo el pelo largo; cada vez que voy a casa, ella me echa". Las Hermanas prosiguieron su camino, y cuando volvieron, el joven había tomado una sobredosis de droga, y lo tuvieron que llevar al hospital. Sin quererlo, pensé que, quizá, su madre estaba ocupada ayudando a paliar el hambre de nuestra gente en la India, y no veía a su propio hijo, hambriento de ella, de su amor, del cuidado que ella le negaba.

Es fácil amar a los que están lejos. Pero no siempre es fácil amar a los que tenemos más cerca. Es más fácil dar una taza de arroz para paliar el hambre, que paliar la soledad y el dolor de alguien que se siente rechazado y carente de amor en nuestra propia casa. Llevemos el amor a nuestro hogar, porque es allí donde debe comenzar nuestro amor al prójimo.

¿Dónde comienza el amor? En casa...

Aprendamos el amor en nuestra familia. En el seno de nuestra propia familia puede haber gente muy pobre, sin que nosotros nos hayamos percatado aún de ello. Nunca tenemos tiempo para sonreír, nunca tenemos tiempo para conversar. Llevemos el amor y la ternura a nuestro propio hogar. Notarán la diferencia.

El amor comienza en el hogar y perdura en él. Es su contenedor constante. El hogar es para todos nosotros el primer centro de amor, de devoción y de servicio. Comienza a hablar con personas que utilizan tu mismo lenguaje y comparten tu cultura, pero con quienes nunca antes habías tenido intercambio alguno de palabras.

De hecho, muy pocos de nosotros viajaremos hasta Jericó. Nuestra tarea está en la Sagrada Ciudad en que hemos nacido, en nuestro propio Jerusalén, donde se levanta el Templo de Dios único y verdadero. Es aquí donde hemos sido designados para servirle a Él a través de nuestros hermanos, en nuestra casa y en nuestros vecinos más cercanos...

¿Conoces a los miembros de tu familia? ¿Conoces a tus vecinos, a quienes integran tu comunidad? ¿Te importan? ¿Tratas de hacerlos felices? Primero debes hacer esto, y recién después piensa en los pobres de la India o de otros lugares del mundo.

Haz que tu casa, tu familia, sea un segundo Nazaret, donde reinan el amor, la paz, la alegría y la
unidad. Porque la caridad y el amor comienzan
por casa. Es allí donde debes comenzar, para convertir a tu hogar en un centro de ardiente amor.
Debes ser la esperanza de felicidad eterna para tu
esposa, para tu marido, para tus hijos, para los
abuelos y para quienquiera que te rodee.

Las parejas que están en crisis deben rezar y perdonar. Saber que en nuestro humano camino han
sido unidos por alguna circunstancia divina.

Es necesario aprender del encuentro con el otro,
superar las dificultades y salir fortalecidos
respetarse y perdonarse. Uno tiene mucho que
corregir en uno mismo antes de molestarse con el
otro.

Sonrían a su prójimo. No siempre es fácil. A veces
me resulta difícil sonreírles a mis Hermanas, pero
en esos momentos hay que recurrir a la plegaria
más ferviente. La oración comienza en casa, y una
familia en la que todos rezan juntos permanece
unida. Tenemos que ofrecer a Jesús un hogar en

nuestros hogares, porque sólo así podremos llevárselo a los demás.

En la Navidad, Cristo llega a nosotros como un niñito muy pequeño, muy desvalido, muy necesitado de todo cuanto el amor puede dar. ¿Estamos preparados para recibirlo? Si María y José estuviesen buscando un lugar para convertirlo en el hogar del niño Jesús, ¿elegirían nuestra casa y todo cuanto ésta contiene y representa?

Jesús nació niño para enseñarnos a amar a los niños. En los ojos de un niño veo el espíritu de la vida, el de Dios mismo. Tenemos que hacer sacrificios a fin de proteger la vida. Pero la vida familiar se ha roto. ¡Hay tantas otras apetencias! La gente necesita más automóviles, más artefactos, más confort técnico. No hay tiempo para la vida familiar. Cuando el Primer Ministro Nehru vino para inaugurar nuestro "Shishu Bavan", nuestro hogar infantil en Delhi, miró a los niños abandonados que habíamos recogido y dijo: "Cuidad de estos niños. Alguno de ellos quizá sea el Primer Ministro de nuestro país algún día".

Pienso que el mundo hoy en día está cabeza abajo, y sufre tanto porque hay muy poco amor en los hogares y en la vida familiar. No tenemos tiempo para nuestros hijos, no tenemos tiempo el uno para el otro. Si pudiésemos devolver a nuestras vidas el espíritu de la vida hogareña que vivieron Jesús, María y José en Nazaret, si pudiésemos convertir nuestros hogares en una réplica de aquel hogar nazareno, pienso que la paz y la alegría reinarían en el mundo.

Las madres son el corazón del hogar; construyen su familia amando y cuidando a sus niños... Recientemente, una mujer joven, de sólo veintiún años, que había sido castigada por la mañana, intentó suicidarse bebiendo queroseno. Cuando la llevaron al hospital, le confió al sacerdote: "Mi madre me echó de casa y yo no sabía adónde ir, así que pensé que lo mejor era matarme".

Muchos de los sufrimientos de los jóvenes son atribuibles a la familia, y particularmente a las madres. Las madres deben hacer de su hogar un centro de amor. A veces el rol que deben desempeñar es duro, pero el ejemplo de la Virgen María nos enseña a ser buenos con nuestros hijos.

Nosotros, los Misioneros de la Caridad, también tenemos que ser madres y convertir a nuestras comunidades en hogares felices.

Nunca olvidaré la noche en que un hombre llegó hasta nuestra casa y nos dijo: "Hay una familia con ocho niños que hace muchos días no tienen qué comer. Hagan algo". Entonces fui y llevé arroz a aquella familia, y pude ver el hambre terrible pintada en el rostro de los niños. La madre tomó el arroz, lo dividió en dos partes, y salió con una de las partes que había apartado.

Cuando volvió, le pregunté: "¿A dónde fue usted, qué fue a hacer?". Y ella me contestó mansamente: "Ellos también están hambrientos". No me sorprendió tanto su gesto de compartir, sino el hecho de que ella supiera, de que ella conociera los problemas de aquella otra familia. Ellos eran una familia hindú, mientras que sus vecinos eran musulmanes. Y, sin embargo, ella sabía que estaban sufriendo, que también estaban pasando hambre. Aun en medio de su propio y tremendo sufrimiento, viendo a sus hijos muriéndose de hambre, tuvo el coraje, el amor y la alegría de compartir primero, y recién después alimentar a sus propios hijos.

Esto es algo que necesitamos más, y más, y más

en este atribulado mundo: esa preocupación por el prójimo, esa preocupación por los que más cerca tenemos: nuestro esposo, nuestra esposa, nuestros hijos.

Donde está la madre, allí está el hogar. En cierta oportunidad recogí a un niño y lo llevé a nuestro Hogar Infantil; lo bañé, le di ropas limpias y alimentos pero, al cabo de un día, el niño se escapó. Alguien lo encontró y lo trajo nuevamente a nuestro hogar, y volvió a escapar.

Luego retornó otra vez y entonces le dije a una de nuestras Hermanas: "Por favor, si huye de nuevo, sigue a este niño, no lo pierdas de vista hasta saber adónde va cuando se escapa". Y el niño escapó por tercera vez.

Bajo un árbol estaba su madre. Había colocado dos piedras debajo de una cazuela de barro y estaba cocinando algo que había recogido de los botes de basura. La Hermana preguntó al niño: "¿Por qué te escapaste del Hogar?", y el niño respondió: "¡Pero si mi hogar está aquí, porque aquí está mi madre!".

Sí, allí estaba su madre. Allí estaba su hogar. No importaba que la comida hubiera sido recogida de la basura, porque mamá la había preparado. Era ella quien acariciaba y abrazaba al niño, y el niño tenía a su madre. Esto mismo es válido en la relación entre marido y mujer.

Las mujeres tenemos en nuestro interior esa cosa tan grandiosa que es comprender el amor. Lo veo con emoción en nuestra gente, en nuestras mujeres pobres que cada día de su vida se encuentran con el dolor, y aceptan ese dolor por el bien de sus hijos. He visto padres y madres privarse de tantas y tantas cosas, e incluso mendigar, sólo para que a sus hijos no les faltara lo indispensable.

He visto a una madre abrazando y acariciando a su niño tullido, a su hijo. Tenía un profundo y comprensivo amor por el sufrimiento de ese hijo. Recuerdo también a una mujer que tenía doce hijos; la hija mayor estaba dolorosamente tullida. No puedo describir lo que era esa criatura, física y mentalmente. Le ofrecí llevar a esa niña a nuestro hogar, donde hay tantas otras niñas como ella, y le dije que allí recibiría todos los cuidados necesarios. La mujer comenzó a llorar y me dijo: "Madre, no me diga eso, no me diga eso. Esa hija es el mayor don que Dios nos ha dado a mí y a mi familia. Todo nuestro amor se centra en ella. Nuestra vida estaría vacía si usted nos la quitara".

¿Cuántas veces encontramos hoy en día, en nuestra civilización moderna, ese ejemplo de amor tan profundo, tan lleno de comprensión? ¿Somos capaces de entender que en nuestros hogares, que mi hijo, mi esposo, mi mujer, mi padre, mi madre, mi hermana, mi hermano, necesitan esa comprensión, esa mano tendida?

Hoy en día miramos el mundo en que vivimos y vemos que ese pequeñín, ese niño que aún no ha nacido, se ha convertido en el blanco de la muerte, de la destrucción, del asesinato. Y pensar que Dios nos dice: "Aun en caso de que una madre pudiese olvidar... aunque es imposible para una madre olvidar, pero aun así, si una madre pudiese olvidar, yo no te olvidaré".

Y, sin embargo, hoy la madre olvida a su hijo. No sólo lo olvida, sino que lo destruye. ¿Y por qué? ¿Para qué? La madre le teme a ese niño, a esa pequeña criatura que aún no ha nacido... a la criatura más bella del amor divino... al regalo que Dios le hace.

Demos gracias hoy porque nuestros padres nos han amado. Demos gracias a Dios. Oremos para que cada madre quiera y ame a su hijo. Que ninguna madre destruya a su hijo por nacer, utilice los medios que utilice. Que ninguna madre sienta que no quiere, que no desea a ese niño por nacer. Que ninguna madre tema alimentar a un hijo más, educar a un hijo más, cuidar de un hijo más.

María es la Madre de Dios, la Madre de Jesús, y nuestra Madre, la Madre de la Iglesia.

Es la Madre de todo el mundo, porque cuando el ángel le trajo la Buena Nueva de que sería la Madre de Cristo, aceptó, al mismo tiempo, convirtiéndose en la esclava del Señor, ser también nuestra Madre, la Madre para toda la humanidad. La Virgen María es la esperanza de la humanidad. Ella nos ha dado a Jesús...

Cristo es el jefe de nuestra familia, el que en silencio escucha todas las conversaciones, el huésped invisible en todas las mesas.

En las Santas Escrituras leemos sobre la familia. El esposo y su mujer se unen el uno al otro, para convertirse en una sola unidad. Se "unen". Esta palabra es muy bella, que toda familia debe conocer y sentir profundamente: "Nada ni nadie puede separarnos". San Pablo solía decir así: "Nada, nadie, ni las persecuciones, ni esto ni aquello (enumeraba toda una serie de cosas)", pero nosotros sólo diremos: nada ni nadie puede apartarnos del amor de Cristo. Constituimos una sola familia, una sola. Con un amor indiviso por Cristo. Un solo corazón en el corazón de Dios.

Nunca olvidaré a mi propia madre. Solía estar muy ocupada durante todo el día, pero cuando caía la tarde se daba mucha prisa para estar libre y arreglada para recibir a mi padre. En aquel entonces nosotros, los niños, no comprendíamos. Solíamos sonreír ante su afán, o reírnos de ella y hacerle bromas. Pero ahora, de adulta, recuerdo con emoción ese tierno amor que mi madre sentía por mi padre. Sucediese lo que sucediese, ella estaba ahí, con una sonrisa, para recibirlo. Hoy pareciera que no hay tiempo para estas cosas. El padre y la madre están demasiado ocupados. Los hijos llegan a casa y no hay nadie que los reciba con amor, con una sonrisa.

Quizá nuestros hijos, nuestro esposo, nuestra esposa, no pasen hambre, no estén desnudos ni carezcan de hogar. Pero, ¿estamos seguros de que en nuestra familia no hay nadie que se sienta rechazado, indeseado, que sienta que no es querido?

Miremos detenidamente a nuestra propia familia. Porque el amor comienza por casa.

En nuestro leprosario, donde cuidamos a todo tipo de enfermos de este terrible flagelo, estamos construyendo un Hogar para Niños. El milagro de Dios es que los hijos de los leprosos son, en el momento de su nacimiento, perfectamente sanos. Entonces, antes de que el niño nazca, preparamos a los padres para que renuncien a su hijo, por su propio bien. Tienen que entregarlo antes de darle el primer beso, antes de empezar a alimentarlo. Nosotros cuidamos al niño.

Un día vi a una madre y a un padre colocando a su recién nacido, de sólo tres días, entre ellos. Se miraban el uno al otro, y miraban al niño, mientras sus manos se acercaban al pequeño... para retirarlas de inmediato; se inclinaban en su irresistible deseo de besar a su criatura... para desistir de ello a último momento. No puedo olvidar el profundo amor de esos padres por su hijo. Tomé el niño en mis brazos y me alejé con él, y ellos se quedaron mirándolo hasta que lo perdieron de vista. ¡Es imposible para mí olvidar la agonía y el dolor de aquellas miradas! Les dolía renunciar a su hijo, porque lo amaban más que a sí mismos, y por eso fueron capaces de renunciar a él. Hoy se les permite ver a su hijo, pero no tocarlo. ¡El amor es la única fuerza que permite a estos leprosos no acercarse a sus hijos para no contagiarlos de su enfermedad!

Por una cosa ruego siempre: por los jóvenes. Es hermoso ver a un joven que ama a una joven, y viceversa; pero asegúrense de que el día en que se casen tengan un corazón puro, que sea un corazón virgen, lleno de amor. Ayudemos, ayudemos a nuestros jóvenes a través de nuestras oraciones para que se conserven puros de cuerpo y alma. Lo que vemos a veces por las calles no es amor... es pasión. Roguemos a Nuestra Señora que conceda a los jóvenes su corazón tan puro, tan inmaculado. Ese corazón virginal tan lleno de humildad, para que todos aprendan a amar a Jesús como ella lo amó, con un corazón puro, lleno de amor y compasión. Rogaré por todos ustedes para que crezcan en el amor de Dios, amándose los unos a los otros como Dios ama a cada uno de ustedes.

A todos los jóvenes les digo: ustedes son el futuro de la vida familiar. Ustedes son el futuro de la alegría de amar. Ustedes son el futuro y tienen la posibilidad de hacer de sus vidas algo hermoso a los ojos de Dios, una vida hecha de puro amor. Que amen a una chica, o que amen a un muchacho, es hermoso. Pero no lo arruinen, no lo destruyan. Mantengan la pureza, mantengan ese corazón, ese amor, virgen y puro, para que el día en que se casen puedan entregarse, el uno al otro, algo realmente bello: la alegría de un amor puro. Pero, si llegaran a cometer un error, les pido que no destruyan al niño; ayúdense mutuamente a querer y a aceptar a ese niño que aún no ha nacido. No lo maten, porque un error no se borra con un crimen. Y matar al niño en gestación es un crimen. Quizá hayan caído en el error de la pasión desenfrenada, pero la vida del fruto de ese amor pertenece a Dios, y ustedes —los dos juntos— tienen que protegerla, amarla y cuidarla. Porque ese niño ha sido creado a imagen y semejanza de Dios y es un regalo de Dios.

Hace algún tiempo una joven pareja vino a nuestra casa y me donó una suma considerable de dinero. No pude menos que preguntarles: "¿De dónde han sacado tanto dinero?", y ellos me respondieron: "Nos casamos hace dos días, y antes de casarnos resolvimos no usar ni ropa especial para el casamiento ni hacer una gran fiesta para la ocasión, sino darle todo el dinero a usted". Para una familia hindú, eso representa un sacrificio muy grande, porque el día del casamiento es el día más importante de la vida. "¿Pero, por qué hicieron eso?", seguí preguntando, y ellos me replicaron: "Nos amamos tanto que queríamos compartir esa alegría de amar con la gente a la cual usted ayuda".

Resulta maravilloso reconocer la presencia del niño no nacido, del regalo de Dios, el mayor regalo que Él puede hacer a la familia, porque ese niño es el fruto del amor.

Es maravilloso pensar que Dios ha creado a cada niño, te ha creado a ti y a mí, y a ese hombre miserable que encontramos en la calle. Ese hombre hambriento, desnudo, ha sido creado a Su imagen, para amar y ser amado, no para ser sólo "uno más".

Leemos en las Escrituras que Dios nos dice: "Aun si una madre llegara a olvidar a su hijo, yo no te olvidaré. Te llevo grabado en la palma de mi mano. Eres valioso para mí. Y te he llamado por tu nombre". Es por eso que, en cuanto una criatura ha nacido, lo primero que hacemos es darle un nombre. El nombre por el que Dios lo ha llamado desde la inmensa eternidad, para amar y para ser amado.

Que nuestra Madre sea la Madre de cada uno de nosotros y, de esta forma, la fuente de nuestra Alegría. Y que cada uno de nosotros sea Jesús para ella; y se convierta así en la causa de la alegría de su Madre.

Para ofrecer un hogar al Cristo desamparado, comencemos por convertir a nuestros propios hogares en lugares donde reine la paz, la felicidad y el amor. El instrumento para lograrlo es el amor hacia cada miembro de nuestra familia y hacia nuestros vecinos.

María es la Madre de Dios, la Madre de Jesús, y nuestra Madre, la Madre de la Iglesia. Es la Madre de todo el Mundo, porque cuando el ángel le trajo la Buena Nueva de que sería la Madre de Cristo, aceptó, al mismo tiempo, convirtiéndose en la sierva del Señor, ser también nuestra Madre, la Madre para toda la humanidad. La Virgen María es la esperanza de la humanidad. Ella nos ha dado a Jesús.

La consideración de Jesús, María y José era tanta que convirtió al humilde hogar de Nazaret en la morada del Dios Supremo. Si pudiésemos tener esa misma calidad de consideración el uno para con el otro, también nuestros hogares serían de verdad morada de Dios.

No somos ni grandes ni pequeños, sino lo que somos a los ojos de Dios, y, siempre y cuando nos entreguemos totalmente, Dios podrá usarnos sin consultarnos. En realidad, a todos nos gusta ser consultados, pero es muy bueno para nosotros y para nuestra obra dejar que nos use sin consultar. Tenemos que aceptar el vacío, aceptar que nos hagan pedazos, aceptar tanto el éxito como el fracaso.

Oración por la familia

Padre Celestial, nos has dado un modelo de vida en la Sagrada Familia de Nazaret. Ayúdanos, Padre amado, a hacer de nuestra familia otro Nazaret, donde reine el amor, la paz y la alegría.

Que sea profundamente contemplativa, intensamente eucarística y vibrante con alegría. Ayúdanos a permanecer unidos por la oración en familia en los momentos de gozo y de dolor. Enséñanos a ver a Jesucristo en los miembros de nuestra familia, especialmente en los momentos de angustia.

Haz que el corazón de Jesús-Eucaristía haga nuestros corazones mansos y humildes como el suyo y ayúdanos a sobrellevar las obligaciones familiares de una manera santa.

Haz que nos amemos más y más unos a otros cada día como Dios nos ama a cada uno de nosotros y a perdonarnos mutuamente nuestras faltas como Tú perdonas nuestros pecados.

Ayúdanos, oh Padre amado, a recibir todo lo que nos das y a dar todo lo que quieres recibir con una gran sonrisa. Inmaculado Corazón de María, causa de nuestra alegría, ruega por nosotros.

Santos Ángeles de la Guarda permaneced a nuestro lado, guiadnos y protegednos. Amén

Madre Teresa M.C.

POBREZA Y RIQUEZA

Hoy, una vez más, cuando Jesús se presenta entre los suyos, ¡éstos no lo reconocen! Llega en los cuerpos destrozados de los pobres; llega también con los ricos que se ahogan en sus propias riquezas. Viene en la soledad de sus corazones, porque no tuvieron a nadie que los haya amado de verdad. Jesús nos llega bajo las más distintas formas, y muchas, muchas veces, seguimos de largo sin reconocerlo.

Ante Dios todos somos pobres.

Dios amó tanto al mundo que le dio su propio hijo. Siendo rico se volvió pobre por amor a ti y a mí. Se entregó a sí mismo en forma completa y total. Pero eso no fue suficiente. Dios quería dar algo más... darnos la oportunidad de darle algo a Él. Y es así como se transfiguró en los hambrientos y en los desnudos para que pudiésemos ser generosos con Él.

La soledad es la peor clase de miseria.

Los pobres que recogemos cada día son aquellos a quienes la sociedad rechaza y abandona. Tratamos de devolver a esa gente la dignidad humana. Como hijos de Dios tienen derecho a ella.

Nos encontramos con gente que sólo es conocida por su dirección. ¿Realmente tomamos conciencia de que esa gente existe? Quizá se encuentre muy cerca de nosotros, quizá en la vereda de enfrente. Puede ser un ciego que se sentiría feliz si le leyésemos el diario. Podría ser incluso alguien rico en dinero, pero que no tiene quién lo visite. El rico a veces posee muchos bienes, pero esos mismos bienes lo aíslan. La falta el contacto con otra gente, que es lo que realmente necesita un ser humano.

No nos conformemos simplemente con dar dinero. El dinero no es suficiente, y es más fácil de conseguir que una mano que atienda o un corazón que ame.

¿Dónde están los ancianos hoy en día? Se los recluye en instituciones geriátricas. ¿Por qué? Porque nadie los quiere, porque constituyen una carga. Recuerdo que hace un tiempo visité un hermoso hogar para ancianos. Había unos cuarenta pensionistas, y realmente no les faltaba nada. Pero todos estaban sentados, mirando hacia la puerta. No había ni una sonrisa en sus rostros, y pregunté a la hermana que los atendía: "Hermana, ¿por qué esta gente no sonríe? ¿Por qué no dejan de mirar hacia la puerta?". Y ella, con mucha dulzura, me contó la triste realidad: "Todos los días sucede lo mismo, Madre. Esperan que alguien venga a visitarlos". Esta es la verdadera pobreza.

No es necesario recorrer los barrios marginales y las villas de emergencia para encontrar falta de amor y pobreza. Sin duda en nuestro vecindario, y en nuestra misma familia, hay alguien que sufre.

¿Se pierde el contacto con Dios cuando se tiene dinero? Dios nos libre de ello. Más valdría morir.

¿Qué haríamos con el dinero que nos sobra? ¿Guardarlo en el banco? No debemos caer nunca en la costumbre de preocuparnos por el futuro. No hay razón para ello. Dios existe. Tan pronto comenzamos a desear riquezas, también comenzamos a desear lo que el dinero nos puede dar: cosas superfluas, ambientes confortables, lujo en la mesa, más ropas, etcétera. Nuestras necesidades crecerán, una llevará a la otra, y el resultado será una insatisfacción permanente y sin fin.

¿Quiénes somos nosotros para juzgar a los ricos? Nuestro deber es unir a los ricos y a los pobres, constituirnos en su punto de contacto.

Cuando veo de qué manera se ignora y relega a los pobres en nuestro medio, comprendo la tristeza de Cristo al no ser aceptado por los suyos. Todos los que rechazan a los pobres ignoran y rechazan a Cristo.

Aquí, en los Estados Unidos, es fácil sentirse ahogado por objetos, por bienes superfluos. Y una vez que uno los tiene, les tiene que dedicar cuidado y tiempo, lo cual nos quita tiempo para el prójimo, tiempo para los pobres. Debemos dar gratuitamente a los pobres lo que los ricos adquieren con su dinero.

No es un pecado ser rico, siempre que haya una razón por la cual algunas personas puedan darse el lujo de vivir bien. Siempre que sea el fruto de su trabajo. Pero el riesgo que se corre es que la riqueza provoque avaricia, pues la avaricia alberga al pecado. Toda riqueza es un don de Dios, y es nuestra obligación compartirla con los menos favorecidos.

El dinero sólo es útil si sirve para extender el amor de Cristo. Puede servir para alimentar al Cristo hambriento. Pero recordemos que no sólo siente hambre de pan, sino de amor, de presencia, de contacto humano.

No quiero que el trabajo se convierta en un negocio, sino que siga siendo siempre una obra de amor. Quiero que tengan plena confianza en que Dios no nos va a abandonar. Obedezcan su mandato y busquen ante todo el Reino de los Cielos, y todo lo demás vendrá por añadidura. La alegría, la paz y la unidad son más importantes que el dinero. Si Dios quiere que yo lleve a cabo alguna obra, me dará los recursos como para hacerlo. Rechacé la propuesta del Cardenal Cooke ofreciéndome quinientos dólares por mes por cada Hermana que trabajase en Harlem. Le dije: "¿Acaso piensa usted, Eminencia, que Dios se irá a la quiebra en Nueva York?"... No pienso en el dinero, porque siempre llega. De alguna forma, Dios lo envía. Nosotros realizamos su trabajo y ÉL provee medios. Si ÉL no nos provee de los medios, eso demuestra que no desea que llevemos a cabo esa tarea, así que, ¿por qué preocuparse?

No se trata realmente de cuánto "tengamos" para dar, sino de cuánto espacio hay en nuestras vidas para recibirlo y dejar que Él viva su vida en nosotros.

Las riquezas, tanto materiales como espirituales, pueden sofocar si no son utilizadas en la forma correcta... Permanezcan tan vacíos como les sea posible, para que Dios pueda llenarlos. Ni siquiera Dios puede poner algo en un espacio ocupado por otra cosa. Él no se nos impone a nosotros. Somos nosotros quienes tenemos que llenar el mundo del amor que Dios nos ha dado.

Para mí, la vida es el más bello don que Dios legó a la humanidad. Por eso, pienso que aquellas naciones que destruyen la vida legalizando el aborto y la eutanasia son las más pobres, porque no tienen alimento para un niño más ni hogar para un anciano más. Y por eso agregan un cruel asesinato más a este mundo.

No quiero que la gente dé su abundancia. Lo que quiero es tocarlos, conmoverlos. Les damos la oportunidad de amar al prójimo.

La pobreza espiritual del mundo occidental es mucho mayor que la pobreza física de nuestra gente. Ustedes, en Occidente, tienen millones de personas que sufren una terrible soledad, un tremendo vacío. Sienten que nadie los ama, que son rechazados.

Esta gente no padece hambre en el sentido físico, pero está hambrienta de otras cosas. Sabe que necesita algo más que dinero, pero no sabe lo que es. Lo que en el fondo extraña es una relación real y viva con Dios.

Me parece que la pobreza de Occidente es mucho más difícil de satisfacer porque es mucho mayor que la pobreza que podemos encontrar en la India, en Etiopía o en el Cercano Oriente, ya que esta última es sólo una pobreza material. Por ejemplo, hace unos meses, antes de venir a Europa y a los Estados Unidos, recogí a una mujer de las calles de Calcuta que se estaba muriendo de hambre; todo lo que tuve que hacer fue darle un plato de arroz para satisfacer esa hambre. Pero aquí se trata de curar el hambre que padecen los solitarios, los marginados de la sociedad, los que no tienen hogar ni familia, los presos de todo tipo que pasan su vida en terrible soledad, que sólo son conocidos por el número de celda o habitación, y no por su nombre. Creo que esta pobreza es la peor, una pobreza que el ser humano no puede aceptar, soportar ni sobrevivir.

Si Dios te ha dado grandes riquezas, debes usarlas y compartirlas con los que no tienen nada.

Los pobres tienen una grandeza especial. Tenemos que amarlos, pero no compadeciéndonos por su situación sino porque Jesús está en cada uno de ellos, en su dolorosa presencia. Son nuestros hermanos y nuestras hermanas. Son nuestra gente, nuestro pueblo. Esos leprosos, esos moribundos, esos hambrientos y desnudos, ¡todos ellos son Jesús!

La caridad de María nos enseña amor, bondad y generosidad. Fue corriendo a atender a su prima Isabel. "No tienen vino", le dijo a Jesús en Caná. Seamos como ella, conscientes de las necesidades de los pobres, ya sean espirituales o materiales, y sepamos dar generosamente como ella lo hizo, del amor y de la gracia que se nos ha concedido.

Dios cuida de los pobres a través de nosotros. ¡Ha demostrado tanta consideración y tanta bondad hacia nuestra gente, en tantas pequeñas cosas!... y podría dar miles de pruebas de la consideración y de la bondad divinas.

Los marginados, los rechazados, los que no son amados por nadie, los alcohólicos, los desahuciados moribundos, los abandonados y los solitarios, los descastados y los intocables, los que sufren de lepra... todos aquellos que son una carga para la sociedad, que han perdido toda esperanza y toda fe en la vida, que se han olvidado de lo que es una sonrisa, que han perdido la sensibilidad a la cálida mano de un amigo... todos ellos esperan consuelo de nosotros. Si les volvemos la espalda, es como si se la volviésemos a Cristo, y en la hora de nuestra muerte seremos juzgados por la forma en que supimos reconocer a Cristo en ellos y en lo que les hemos sabido brindar. Sólo habrá dos alternativas: "ven" o "vete".

Por eso les ruego a todos y a cada uno de ustedes —pobres y ricos, jóvenes y viejos— que ofrezcan sus manos para servir a Cristo en los pobres, y que abran sus corazones para amarlo en ellos. Pueden estar lejos o cerca, sufrir de pobreza física o espiritual, estar hambrientos de amor y amistad; pueden ignorar la riqueza del amor de Dios; pueden necesitar de un hogar de amor en tu corazón. Y dado que el amor comienza por casa, quizá este Cristo hambriento, desnudo, enfermo o desamparado, se encuentre en tu propio corazón, en tu familia, en tu comunidad, en el país en que vives, en todo el mundo.

Debemos tener la alegría y la libertad de la pobreza, y compartir la dicha de amar. Damos mucho, y gastamos mucho. Vivimos un día por vez, confiando en la Divina Providencia. Experimentamos la alegría de la libertad que nos otorga la pobreza. Queremos sentir la alegría de compartir... Dar y darse a otros genera alegría.

Es cierto que nuestra forma de vida es difícil. Pero no puede ser de otra forma. No se trata sólo de la pobreza material, sino también de la pobreza de vivir permanentemente rodeados de gente que sufre, de moribundos. Sólo la Eucaristía, sólo Jesús, puede darnos la alegría suficiente como para realizar nuestra tarea con una sonrisa.

Aparta los ojos de ti mismo y alégrate de no poseer nada, de no ser nada, de no poder nada. Sonríele confiadamente a Jesús cada vez que tu vaciedad te atemorice. Aférrate a Nuestra Señora, porque también ella, antes de recibir la gracia de Jesús, tuvo que pasar por esa oscuridad.

Para servir bien a los pobres, tenemos que comprenderlos. Y para comprender su pobreza, tenemos que sentirla en carne propia. Al trabajar para ellos, terminamos identificándonos con ellos. Nuestras Hermanas tienen que sentir como ellos sienten, seguir su pobreza ante Dios, saber lo que es vivir sin seguridad alguna, dependiendo sólo de Dios para afrontar el mañana.

Nuestra vida de pobreza es tan necesaria como nuestro trabajo. Sólo en el cielo veremos cuánto les debemos a nuestros pobres por ayudarnos a amar mejor a Dios a través de ellos.

Si ustedes, Hermanas mías, necesitan comprar algo, compren lo más barato que encuentren. Tenemos que ostentar nuestra pobreza con orgullo… si tienen que dormir en un rincón donde no corre ni una brisa, no exterioricen su sofocación para demostrar cuánto sufren. En estas pequeñas cosas uno puede practicar la pobreza. La pobreza nos hace libres. De esa manera podemos bromear y sonreír y mantener nuestro corazón alegre para Jesús…

Vivan dentro de las formas más simples de la pobreza, como reparar sus propios zapatos, arreglárselas con lo que tienen, amando la pobreza como aman a su propia madre. Nuestra sociedad sobrevivirá mientras exista esa pobreza verdadera. Las instituciones en las cuales la pobreza se practica con verdadero fervor, no tienen por qué temer la decadencia. Tenemos que hacernos más pobres cada día, y descubrir nuevas formas de vivir nuestros votos de pobreza...

No debemos desperdiciar tiempo y energía en embellecer y hacer más atractiva nuestra casa. Dios nos libre de esos conventos a los cuales los pobres temen entrar, porque los hacen sentirse avergonzados de su miseria... Las Hermanas vivirán pidiendo limosna. Dependen total y absolutamente de la caridad pública. Las Hermanas no deben sentir vergüenza de mendigar de puerta en puerta si ello fuese necesario. Nuestro Señor prometió recompensar el vaso de agua brindado en Su nombre. Es por Él que nos volvemos mendicantes.

Los pobres nos hacen el honor de permitirnos ayudarles.

Cuando un pobre se acerca a ustedes, recíbanlo con una sonrisa. Ese es el máximo don que Dios nos ha dado: tener la fuerza de aceptar todo cuanto Él nos envía y de devolverle todo cuanto Él nos pueda pedir.

VOCACIÓN

Por profesión, pertenezco al mundo entero. Por corazón, pertenezco por completo a Jesús.

Si no fuese por el tierno amor de Dios, en cada instante de nuestras vidas, no seríamos nada. Desde el punto de vista mundano, no somos nada. La humildad de Dios reside en que nos utiliza a ti y a mí para llevar a cabo Su gran obra, para que podamos participar en la gran vocación de pertenecer a Jesús. Cristo vino a traernos la buena nueva del amor de su Padre por cada uno de nosotros.

No debemos apartarnos de las tareas humildes porque son trabajos que nadie quiere hacer. Nada es demasiado insignificante. Somos tan pequeños, que miramos todo desde una óptica de pequeñez. Pero el Señor, siendo todopoderoso, ve hasta lo más pequeño como grande. Por lo tanto, aun si sólo le ayudas a escribir una carta a un hombre ciego que no lo puede hacer por sus propios medios, o si simplemente te sientas junto a él y lo escuchas, o llevas una carta al correo para otro, o regalas un ramillete de flores a alguien —todas estas son pequeñeces— o lavas la ropa para alguien o le limpias su casa, para Él no serán pequeñeces. Tú y yo debemos dedicarnos a las tareas más humildes. Hay mucha gente que puede hacer grandes cosas. Pero son muy pocos los que están dispuestos a dedicar su vida a estas pequeñeces.

En la elección de nuestras tareas, nunca hubo planes ni ideas preconcebidas. Comenzamos con nuestro trabajo a medida que el sufrimiento de la gente nos fue llamando. Dios nos indicó qué hacer.

Nuestra vocación no es servir a los más pobres de los pobres, sino pertenecer a Jesús con la convicción de que nada ni nadie nos podrá separar de nuestro amor por Cristo.

"No me habéis elegido vosotros a mí, sino yo os elegí a vosotros." Es a través de la elección de

Cristo que nos convertimos en lo que somos... Él llevará a cabo su plan en nosotros y a través de nosotros, a pesar de todos los escollos que encontremos en nuestro camino...

Todos hemos sido llamados... El mero hecho de tener un don o una capacidad determinada puede constituir una vocación.

No importa lo que hagamos o dónde estemos, siempre y cuando recordemos que le pertenecemos totalmente, que lo amamos infinitamente. Esto vale para todos nosotros. No importa si trabajamos para los ricos o para los pobres, para gente encumbrada o gente humilde. Lo que importa es cuánto amor ponemos en el trabajo que realizamos.

Dios nos ha hecho instrumentos de Su trabajo. Quiere que ustedes hagan Su tarea a Su manera. El éxito o el fracaso no significan nada para Él, siempre y cuando se realice la tarea de acuerdo con Su plan y con Su voluntad. Ustedes serán infalibles si saben obedecer. El demonio hará todo cuanto pueda para arruinar la obra de Dios, y como no puede atacarlo directamente a Él, nos induce a nosotros a llevar adelante la obra de Dios a nuestra manera. Y es ahí donde el demonio gana y nosotros perdemos.

Si uno realmente se entrega al trabajo que le ha sido confiado, tiene que hacerlo con todo el corazón... Lo que importa no es cuánto hacemos, sino cuánto amor, cuánta honestidad, cuánta fe ponemos en lo que hacemos. No importa el tipo de trabajo que hagamos, cada uno hace lo suyo, a su manera. Pero todos hacemos aquello para lo que Dios nos ha dado capacidad. Sin embargo, lo olvidamos, y perdemos el tiempo mirando a los demás y deseando ser o estar haciendo otra cosa.

Hay momentos en que parece que estuviésemos desperdiciando nuestra preciosa vida y sepultando nuestros talentos. Nuestras vidas son realmente desperdiciadas si sólo usamos la luz de la razón. Nuestra vida no tiene sentido, salvo que miremos a Cristo.

Cuando uno siente desaliento, es señal de que uno ha obrado con orgullo y vanidad, porque el desaliento demuestra que en ese momento uno confiaba exclusivamente en las propias fuerzas...

Todos somos instrumentos de Dios; cumplimos nuestra pequeña parte y desaparecemos.

Un caballero hindú dijo que ellos y nosotros hacemos asistencia social, pero que la diferencia entre ellos y nosotros está en que ellos lo hacen por algo, y nosotros lo hacemos por alguien. Es, en este aspecto, en el que se hace evidente el amor y la devoción. Todo cuanto hacemos lo hacemos a Dios, a Cristo, y por eso tratamos de que nuestra obra resulte lo más bella posible...

Cuando por los años no puedas correr, trota. Cuando no puedas caminar, usa un bastón. ¡Pero nunca te detengas!

La consideración, la atención bondadosa para con el prójimo, es el comienzo de la santidad. Si aprendes el arte de ser considerado, te parecerás más y más a Cristo. Su corazón era bondadoso y gentil, y siempre pensaba en los demás. Nuestra vocación, para tener valor y belleza, debe ser una vocación plena de consideración hacia los demás. Jesús hacía el bien, dondequiera que fuese. Nuestra Señora, en la boda de Caná, sólo pensó en las necesidades de los demás y se las transmitió a Jesús.

Concentren todos sus esfuerzos en transitar en presencia de Dios, en ver a Dios en cada persona que encuentren y en vivir a lo largo de todo el día sus meditaciones matutinas. Particularmente en la calle, procuren irradiar la alegría de pertenecer a Dios, de vivir con Él y de haberle dedicado sus vidas. En las calles, en los albergues; durante su trabajo cotidiano, su oración, brotando del alma y del corazón, no se deberá interrumpir jamás.

Hace algunas semanas, uno de nuestros Hermanos vino y me dijo: "Mi vocación es trabajar para los leprosos (siempre los amó en forma muy especial) y quiero dedicar toda mi vida y todo mi ser a esa vocación".

Yo le respondí: "Estás equivocado, Hermano. Tu vocación es pertenecer a Jesús. Él te ha elegido para Sí mismo y el trabajo que realices sólo es un medio de probar, a través de la acción, tu amor por Él. Por eso no importa qué es lo que hagas, sino que lo principal es que le pertenezcas totalmente a Él y que Él te da los medios y la capacidad de hacer lo que haces por Él".

Todo cuanto hacemos —nuestras oraciones, nuestro trabajo, nuestro sufrimiento— es para Jesucristo. Nuestra vida no tiene otra razón ni otro motivo.

Esto es algo que mucha gente no logra comprender.

Sirvo a Jesús las veinticuatro horas del día. Haga lo que haga... lo hago por Él. Y es Él quien me da fuerzas para hacerlo.

Lo amo a través de los pobres, y en los pobres lo amo a Él. Pero el Señor siempre está primero.

Cuando recibimos a algún visitante en nuestra casa, lo primero que hago es llevarlo a la capilla, para rezar alguna oración, diciéndole: "Antes que nada, saludemos al Dueño de casa. Jesús está aquí". Por Él y para Él trabajamos, a Él nos dedicamos por completo. Él nos da fuerza para llevar la vida que llevamos, y para hacerlo con alegría.

Sin Él no podríamos hacer lo que hacemos. Al menos no durante toda la vida. Quizá durante un año o dos, pero no a lo largo de toda una vida, sin pensar en recompensa alguna, sin esperar ningún beneficio, salvo sufrir con Él, que nos amó tanto y que dio Su vida por nosotros.

Sin Jesús, nuestra vida carecería de todo sentido. Jesús es la explicación misma de nuestra vida.

A menudo vemos cables eléctricos grandes y pequeños, nuevos y viejos, baratos y costosos. Pero no sirven para nada si a través de ellos no pasa la corriente eléctrica. Ustedes y yo somos los cables. La corriente eléctrica es Dios. Se nos ha conferido el poder para decidir si dejamos pasar la corriente a través de nosotros y la utilizamos para producir la luz del mundo, o si rechazamos esa posibilidad de ser "usados" y dejamos que la oscuridad se extienda por doquier. Mi oración está en cada uno de ustedes, y rezo para que cada uno viva su sacralidad y así irradie el amor de Dios, dondequiera que vaya. Dejen que Su luz de verdad llegue a la vida de todos, para que Dios pueda seguir amando al mundo a través de cada uno de nosotros. Pongan todo su corazón en el cometido de convertirse en radiante luz.

La forma en que nos complementamos es realmente hermosa. Lo que nosotros hacemos en los barrios pobres quizá tú no lo puedas hacer. Lo que tú haces en el nivel de tu propia vocación —en tu vida familiar, en el colegio, en el trabajo— quizá no lo podamos hacer nosotros.

Pero tú y nosotros, juntos, hacemos algo hermoso a los ojos de Dios.

¿Por qué los ha elegido Dios? Porque desea que sean misioneros de verdad. No dejen de mirar ese inmenso obsequio que Dios les hace. Escuchen la voz de Dios. Él siempre nos habla. Él siempre nos pide un amor profundo, compasión y perdón.

Nunca tenemos que considerarnos indispensables. Dios tiene sus caminos y sus medios. Él puede permitir que, aun en las manos de la más capaz y talentosa de nuestras Hermanas, las cosas reconfundan y compliquen. Dios sólo mira su amor. Ella puede trabajar hasta el agotamiento, incluso matarse trabajando, pero si su trabajo no está entrelazado con amor, de nada sirve. Dios no necesita su trabajo. Dios no preguntará a esa Hermana cuántos libros ha leído, cuántos milagros ha obrado, sino cuánto ha dado de ella misma por amor a Él…

Lo que nosotros hacemos no es nada más que una gota de agua en medio del océano. Pero si no lo hiciésemos, el océano tendría una gota menos de agua.

No tenemos razón para estar desmotivados, desalentados o sentirnos desdichados, porque lo que hacemos lo hacemos por y para Jesús.

Yo sé que hay miles y miles de pobres, pero sólo puedo pensar en uno por vez.

Jesús era uno solo, y yo interpreto así su palabra: "Lo que le hacéis al más pobre de vuestros hermanos, me lo hacéis a mí…" Mis Hermanas, mis Hermanos y yo sólo atendemos a una persona, a un solo individuo por vez.

Uno solamente puede salvar a uno por vez. Uno solamente puede amar a uno por vez.

ORACIÓN

La oración es simplemente un diálogo con Dios. Él nos habla, nosotros escuchamos. Nosotros le hablamos, y Él nos escucha. Es un proceso de doble vía: hablar y escuchar. Repitan a menudo la siguiente oración: "Jesús, en lo más profundo de mi corazón, creo en Tu tierno amor. Te amo".

Cuanto más recen, más fácil les resultará. Y cuanto más fácil les resulte, más rezarán.

Sin oración yo no podría trabajar ni media hora. Dios me da fuerza a través de la oración.

Mejoremos nuestro espíritu de oración y de recogimiento. Liberemos nuestras mentes de todo lo que no sea Jesús. Si les resulta difícil rezar, pídanle a Él una y otra vez: "Jesús, ven a mi corazón, reza en mí, ora en mí, para que yo pueda aprender de Ti cómo rezar".

Orar en familia es el mejor modo de inculcarles a los niños el poder de la oración.

Si cuando llega el momento de rezar no brota oración alguna de nosotros, podemos hacer algo muy simple: dejar que Jesús ore en nosotros, rezándole a su Padre en el silencio de nuestros corazones. Si no sabemos hablar, Él hablará. Si no podemos rezar, Él rezará. Ofrezcámosle a Él nuestras torpezas y nuestra incapacidad.

La oración nos dará un corazón limpio que nos permitirá ver a Dios. Y, si vemos a Dios en nuestro prójimo, también aprenderemos a amarnos los unos a los otros.

Aprendan a disfrutar de la oración, sientan la necesidad de rezar varias veces durante el día, y tómense el trabajo de hacerlo. Si quieren rezar mejor, tienen que rezar más. La oración agranda nuestro corazón. Hagámoslo hasta que sea capaz de contener el regalo que Dios nos hace de Sí mismo. Pidan y busquen, y sus corazones crecerán lo suficiente como para recibirlo a Él y conservarlo para siempre.

La recreación es un medio para poder orar mejor, con mayor profundidad. La relajación de tensiones despeja la mente.

Para que sea fructífera, la oración tiene que venir del corazón y debe tener la posibilidad de tocar el corazón de Dios. Observen cómo Jesús enseñó a sus discípulos a rezar. Díganle "Padre" a Dios, alaben y glorifiquen su nombre. Hagan su voluntad, pídanle el pan cotidiano, espiritual y temporal, pídanle perdón por sus pecados y la capacidad de poder perdonar al prójimo, y pídanle también la gracia de ser liberados del mal que está dentro y alrededor de nosotros.

Debemos dedicar tiempo al silencio y a la contemplación, especialmente los que viven en ciudades donde todo es vertiginoso.

Deben dedicar por lo menos media hora por la mañana y media hora por la noche a sus oraciones. Pueden rezar mientras trabajan. El trabajo no impide rezar, y rezar no impide trabajar. Basta elevar brevemente nuestra mente hacia Él: "Te amo, Dios Mío, confío en Ti, creo en Ti, y te necesito ahora, en este momento". Oraciones breves, pequeñas, pero que obran milagros.

Mediante la oración —y con las fuerzas que ella nos brinda— evitamos y superamos cualquier tipo de tentación que pueda destruirnos.

Jesús es nuestra oración, y también es la respuesta a nuestra oración. Él ha elegido ser en nosotros la canción viva del amor, de alabanza, de adoración, de gratitud y de intercesión y reparación ante el Padre, en nombre de toda la creación.

Mis rezos comienzan en el silencio del corazón donde habla Dios. Es importante aprender a escuchar lo que Él nos comunica en silencio.

Dios es amigo del silencio. Necesitamos encontrar a Dios, pero no lo podremos hallar en el tumulto ni en el bullicio. Miren cómo en la naturaleza los árboles, las flores, los pastos, crecen en profundo silencio. El sol, la luna y las estrellas se mueven en silencio.

Cuanto más recibamos en nuestra oración

silenciosa, tanto más podremos dar en nuestra vida activa. El silencio nos permite ver todas las cosas desde una óptica distinta. Necesitamos de este silencio para poder tocar las almas. Lo esencial no es lo que decimos sino lo que Dios nos dice, y lo que Él dice a través de nosotros. Pero debemos hacer el esfuerzo. En el silencio encontraremos nuevas energías y la verdadera unidad.

La oración en acción es amor y el amor en acción es servicio.

Es muy difícil rezar cuando no se sabe cómo hacerlo. Nos tenemos que ayudar a nosotros mismos para aprenderlo. Lo más importante es el silencio. Las almas de oración son almas de profundo silencio. No podemos estar directamente en presencia de Dios sin imponernos un silencio interior y exterior. Es por eso que tenemos que habituarnos al silencio del alma, de la vista y de la lengua.

El fruto del silencio es la oración. El fruto de la oración es la fe. El fruto de la fe es el amor. El fruto del amor es el servicio.

En la vida actual hay demasiado ruido y eso hizo que la gente llegue a temerle al silencio. Saben que si callan van a escuchar de verdad y eso a veces suele ser muy doloroso. No hay que tener miedo a escuchar las verdades que están en nuestro interior.

La oración es el alimento del alma. Como la sangre fluye por todo el cuerpo, así es la oración para el alma. Ella nos acerca a Dios.

Algunos lo llaman Ishwar, otros lo llaman Alá, otros simplemente Dios, pero todos tenemos que reconocer que es Él quien nos ha creado para cosas más grandes: para amar y para ser amados. Lo que importa es lo que amamos. No podemos amar sin oración, de modo que, sea cual fuere la religión que profesemos, tenemos que orar todos juntos.

Reza para poder perdonar a aquellos que te han herido o que no te gustan y perdónalos como tú has sido perdonado.

Si buscas a Dios, aprende a rezar; debes hacerlo todos los días. Se puede rezar en cualquier momento, en cualquier lugar. No hace falta estar en una iglesia. La iglesia está dentro de nosotros cuando elevamos nuestros pensamientos al Altísimo.

No existe una fórmula para rezar. Yo tengo la mía. Las misioneras tenemos nuestro modo de orar al Señor. Se debe buscar el silencio, que es el estado ideal para las revelaciones.

Oración para sonreír

*Señor, renueva mi espíritu y dibuja en mi rostro
sonrisas de gozo por la riqueza de tu bendición.*

*Que mis ojos sonrían diariamente
por el cuidado y compañerismo
de mi familia y de mi comunidad.*

*Que mi corazón sonría diariamente
por las alegrías y dolores que compartimos.*

*Que mi boca sonría diariamente
con la alegría y regocijo de tus trabajos.*

*Que mi rostro dé testimonio diariamente
de la alegría que tú me brindas.*

Gracias por este regalo de mi sonrisa, Señor.

Amén.

Mi secreto es de lo más simple. Rezo y a través de mi oración me convierto en alguien que ama a Cristo, y veo que rezarle es amarlo, y eso significa cumplir con Su palabra. Recordemos sus palabras en el Evangelio de San Mateo: "Tuve hambre y no me disteis de comer; tuve sed, y no me disteis de beber; fui peregrino, y no me alojasteis; estuve desnudo y no me vestisteis, enfermo y en la cárcel, y no me visitasteis".

Mis pobres de los arrabales y de los barrios marginales son el Cristo que sufre. En ellos, el hijo de Dios vive y muere, y a través de ellos Dios me muestra su verdadero rostro. Para mí, la oración significa unirme, durante las veinticuatro horas, con la voluntad de Jesús, vivir para Él, por Él y con Él.

En realidad hay una sola oración, una sola oración

sustancial. El mismo Jesús. En sus vidas, Jesús se convierte en el pan de la vida para ser consumido por ustedes. Tanto los ama. Pero Él también viene a nosotros como el hambriento, esperando ser alimentado con el pan de nuestras vidas, con el amor de nuestros corazones, con el servicio de nuestras manos.

Jesús nos ha llevado a ser almas en oración.

Jesús es nuestra oración, y también es la respuesta a nuestra oración. Él ha elegido ser en nosotros la canción viva del amor, de alabanza, de adoración, de gratitud y de intercesión y reparación ante el Padre, en nombre de toda la creación.

Una vez alguien me preguntó qué era lo que yo consideraba lo más importante en la formación para el trabajo de las Hermanas. Y yo repliqué: el silencio. Silencio interior y exterior. El silencio es esencial en una casa religiosa. El silencio de la humildad, de la caridad, el silencio de los ojos, de los oídos, de la lengua. No hay vida de oración sin silencio.

La Santa Misa es nuestra oración cotidiana, en la cual nos ofrecemos con Cristo para ser partidos y distribuidos a los más pobres de los pobres. La

Eucaristía es nuestra gloria y alegría, y encierra el misterio de nuestra unión con Cristo.

Todo comienza con la oración. Si no pedimos a Dios el amor, nunca lo tendremos, y menos aún lo podremos transmitir a los demás.

AMOR

Las enfermedades físicas pueden curarse con medicinas, pero el único remedio para la soledad y la desesperación es el amor.

"A no ser que seáis como los niños..." Estoy segura de que entenderíamos todo perfectamente si sólo pudiésemos "convertirnos" en niños entregados a las manos de Dios. Tu nostalgia de Dios es tremendamente profunda y, sin embargo, Él se mantiene alejado de ti. Tiene que obligarse a hacerlo, porque te ama tanto como para darte a su hijo, Jesús, para que muera por ti y por todos nosotros en la cruz. Cristo ansía ser aliento. Rodeado de la plenitud del Alimento vivo te dejas morir de hambre. El amor de Cristo por ti es infinito. Las dificultades que puedas experimentar con respecto a la aceptación total de Su Iglesia son finitas. Tienes que sobreponerte a lo finito a través de lo infinito. Cristo te ha creado porque deseaba tu existencia. Sé lo que tú sientes: una terrible nostalgia y al mismo tiempo un oscurísimo vacío. Y, sin embargo, es Él quien te ama a ti.

Es más importante cuánto amor ponemos en nuestros actos y en compartir con los demás, que la cantidad de cosas que hagamos por los otros.

Cuando Cristo dijo: "Tuve hambre y tú me has alimentado", no se refería sólo al hambre que se sacia con pan, con alimento. Se refería también al hambre de ser amado. Jesús mismo sintió esa soledad. Vivió entre un pueblo, y su pueblo no lo aceptó; eso le dolió y le sigue doliendo. Aún perdura la misma hambre, la misma soledad, esa misma actitud de no ser aceptado, de no ser amado y de no ser querido. En esta situación, cada ser humano se parece a Cristo en su soledad. Y esa soledad es más dura que cualquier necesidad física. Esa soledad es la verdadera hambre.

Dios ama a las personas que dan con alegría, y si uno da con alegría, da cada vez más. Un corazón alegre es el resultado de un corazón que arde de amor.

El fervor por las almas es el efecto y la prueba del verdadero amor de Dios. No podemos sino sentirnos consumidos por el deseo de salvar almas. El fervor es la prueba de amor, y ese fervor se prueba a través de una devoción total a Su causa, dedicando toda nuestra vida, toda nuestra energía, al trabajo con las almas.

La alegría es oración; la alegría es fuerza; la alegría es amor; la alegría es una red de amor con la que podemos atrapar almas.

Nuestro objetivo es llevar a Dios y su amor a los más pobres de los pobres, sin importar su origen étnico o la fe que profesen. Al brindar nuestra ayuda, no tenemos en cuenta los credos, sino las necesidades. Nunca tratamos de convertir al cristianismo a los destinatarios de nuestra ayuda. Pero nuestro trabajo mismo es testimonio vivo de la omnipresencia del amor de Dios. Y si, a través de este testimonio, logramos que católicos, protestantes, budistas o agnósticos sean seres humanos un poco mejores —simplemente mejores— nos daremos por satisfechos. Creciendo y viviendo rodeados de amor, estarán más cerca de Dios, y podrán hallarlo a Él y a Su inmensa bondad.

Nos amaremos los unos a los otros cuando escuchemos la voz de Dios en nuestros corazones.

Sean verdaderos colaboradores de Cristo. Irradien y vivan Su vida. Sean un ángel bondadoso para los enfermos, un amigo para los pequeños, y ámense los unos a los otros como Dios ama a cada uno de ustedes, con ese amor tan intenso y especial. Sean afectuosos en el seno de sus hogares y bondadosos con quienes los rodean. Considero que es preferible que cometan errores por bondad a que obren milagros con dureza. Muchas veces basta una palabra, una mirada o una acción muy pequeña para que la oscuridad y la angustia llenen el corazón de los que amamos.

La religión de Cristo es el amor y la difusión del amor.

No crean que el amor, para ser verdadero, debe ser extraordinario. No. Lo que necesitamos de nuestro amor es la continuidad, la constancia de amar siempre a quien amamos. Miren cómo hace la lámpara para arder: consume continuamente pequeñas gotas de aceite. Si no existiesen esas pequeñas gotas en la lámpara, no habría luz, y el Esposo Celestial tendría derecho a decir: "No te conozco".

Hijos míos, ¿qué son esas gotas de aceite en sus lámparas? Son las pequeñas cosas de la vida cotidiana: fidelidad, puntualidad, una palabra de afecto, pensar un poco en los otros, esos pequeños actos de silencio, una mirada y un pensamiento, una palabra y una acción. Esas son las gotas de amor que hacen que nuestra vida religiosa arda con tanta luz.

No busquen a Jesús en países lejanos; Él no está allí. Él está en cada uno de ustedes. No dejen que sus lámparas dejen de arder, y nunca dejarán de verlo a Él.

Mantengan siempre la luz de Cristo encendida en sus corazones, porque sólo Él les sabrá indicar el Camino que habrán de andar. Él es la Vida que habrán de vivir. Él es el Amor que habrán de amar.

El amor no vive de palabras, no puede ser explicado... sobre todo el amor que sirve a Dios, que viene de Dios, que lo encuentra y que lo conmueve. Tenemos que llegar hasta el corazón y, para llegar allí, tenemos que actuar. El amor se demuestra a través de los hechos.

Es fundamental hacer pequeñas cosas con mucho amor. Parece sencillo pero no resulta fácil.

No pensemos nunca que una pequeña acción de amor para con nuestro prójimo no tiene valor. No es la cantidad de lo que hacemos lo que complace a Dios, sino la cuota de amor que ponemos en nuestra acción. Eso es lo que Dios busca, porque Él es amor y Él nos ha creado a Su imagen para amar y ser amados.

Debemos asegurarnos de que conocemos a nuestro prójimo, porque conocerlo será amarlo, y amarlo nos llevará a servirle.

La juventud está entendiendo que ya no es tiempo de hipocresía y de dobles posturas. Es tiempo de acción. Del amor en acción.

"Amaos los unos a los otros como yo os he amado." Estas palabras de Jesús deben ser no sólo nuestra luz, sino una llama que consuma todo el egoísmo que se interpone entre nosotros y nuestro crecimiento en santidad. Jesús nos amó hasta el final, hasta la última frontera del amor, hasta la Cruz. El amor nos tiene que surgir desde adentro —a partir de nuestra unión con Cristo— y ser como si nuestro amor a Dios resbalara y se extendiese sobre todo cuanto nos rodea. Amar debe ser para nosotros tan normal como vivir y respirar, día tras día, hasta nuestra muerte.

Hay muchas personas en el mundo que mueren por falta de alimento, pero hay muchas más que se mueren por falta de amor.

El amor puede ser distorsionado por motivos egoístas. Te amo, pero al mismo tiempo quiero tomar de ti todo lo que pueda, incluso aquellas cosas que no tengo derecho a tomar. En este caso, ya no hay amor verdadero. El amor verdadero duele. Siempre tiene que doler. Debe ser doloroso amar a alguien. Quizá uno incluso deba morir por el ser amado. Cuando la gente se casa, tiene que renunciar a todo para amarse mutuamente. La madre que da a luz a su hijo, no puede evitar el dolor. Lo mismo vale para la vida religiosa. Para pertenecer totalmente a Dios, tenemos que renunciar a todo. Sólo entonces podremos amar de verdad. ¡La palabra "amor" es a menudo tan mal interpretada, tan mal utilizada!

Todo ser humano proviene de la mano de Dios, y todos sabemos cuánto significa para cada uno de nosotros el amor de Dios.

En realidad, no hay gran diferencia entre un país y otro, porque en todos los países siempre vamos a encontrar gente. Pueden tener diferencias físicas o vestir de forma distinta, quizá tengan otra educación u otra posición económica; pero en realidad todos son iguales. Todos ellos pueden amar y necesitan ser amados; todos ellos están hambrientos de amor.

La gente que uno ve en las calles de la India o de Hong Kong tiene el cuerpo hambriento, pero la gente en Londres o Nueva York también padece un hambre que necesita ser satisfecha. Toda persona necesita ser amada.

No tenemos dificultad al tener que trabajar en

países con diferentes credos, como la India. Tratamos a toda la gente como hijos de Dios. Son nuestros hermanos y nuestras hermanas. Les demostramos un profundo respeto... Nuestra tarea es alentar a los cristianos y a los no cristianos para que realicen obras de amor. Y cada obra de amor, realizada con todo el corazón, siempre acerca a la gente a Dios.

El año pasado fui invitada a la China, y una de las personas que participaba en la conferencia me preguntó: "¿Y qué es un comunista para usted?". Yo contesté: "Un hijo de Dios, mi hermano, mi hermana". Y nadie tuvo nada que decir. Nadie. Silencio absoluto. Al día siguiente, en todos los diarios comunistas apareció la noticia: "'Un comunista es un hijo de Dios, mi hermano, mi hermana', dice la Madre Teresa". Y no mentí. Lo que dije es cierto, porque la misma mano amante nos creó a todos, a ti, a mí, al hombre de la calle. Y nuestro amor debe manifestarse con todos.

Mantengamos en nuestros corazones esa alegría de amar a Jesús, y compartámosla con todos los que se nos acercan. Creo que esto es de suma importancia y nos obliga a vivir felices: Jesús está con nosotros y nos ama. Es importante recordar que Dios nos ama, y que ese amor nos da la oportunidad de amar a otros como Él nos ama, no a través de grandes obras, sino a través de cosas pequeñas, hechas con gran amor...

Hoy en día no tenemos ni tiempo para mirarnos los unos a los otros, para conversar, para disfrutar de la mutua compañía... Y es así como nos contactamos cada vez menos con los demás. El mundo se está perdiendo por falta de dulzura y bondad. La gente se muere por falta de amor, porque todo el mundo está apurado.

"El amor es paciente. El amor es bondadoso". ¿Soy realmente bueno porque amo a Jesús? ¿Soy gentil con mi prójimo porque amo a Jesús? Ayúdame a vaciarme de todo egoísmo y permitir así que Dios me llene completamente con su amor.

¿Cuál fue la Buena Nueva que Cristo vino a traernos? Que Dios es amor. Que Dios nos ama. Que Dios nos ha hecho para cosas más grandes... para amar y ser amados. No somos sólo un número más en el mundo.

En nuestras escuelas de Calcuta, damos gratuitamente pan y leche a los niños. Cierto día me percaté de que una de las niñas tomó su pan y lo escondió. Le pregunté por qué no comía su pan, y me contestó: "Mi madre está muy enferma en casa. No tenemos nada para comer, y quiero llevarle este pan".

Eso es el verdadero amor, el verdadero compartir, que deberían aprender todos los niños.

Nunca olvidaré a un pequeñín hindú que me enseñó a amar a lo grande. En Calcuta no había azúcar, y ese niño hindú, de cuatro años de edad, escuchó no sé dónde que la Madre Teresa tampoco tenía azúcar para sus niños pobres. Entonces fue a su casa y les dijo a sus padres: "No comeré azúcar durante tres días. Voy a dar ese azúcar a la Madre Teresa". Después de tres días, los padres trajeron al niño a nuestro Hogar. En su mano llevaba un pequeño frasco con azúcar, el azúcar que él no había comido. El pequeño apenas podía pronunciar mi nombre, pero sabía ya lo que era amar de verdad, porque él amó hasta el dolor. Le dolió privarse de azúcar durante tres días. Pero ese niño me enseñó cómo vivir el amor a lo grande, porque no importa cuánto damos sino cuánto amor ponemos en lo que damos.

Donde está Dios hay amor. Y donde hay amor, siempre hay servicio.

Oremos con amor y devoción, con el fervor de los niños, con el profundo deseo de amar y hacer que se ame el amor, que el amor se manifieste en la vida cotidiana.

Agradezcamos a Dios todo Su amor por nosotros, evidenciado de tantas maneras, bajo tantas formas y en tantos lugares diferentes.

Nosotros, a cambio, y como un acto de gratitud y adoración, tenemos que tomar la firme determinación de amar a Dios con todas nuestras fuerzas.

El amor comienza en el hogar; por eso es importante orar todos juntos, reunidos en el ámbito familiar.

Estar en presencia de Dios, ver a Dios, hablar con Dios, es amarlo cada vez más. En el Cielo podremos amarlo con todo nuestro corazón y nuestra alma, puesto que en la muerte sólo abandonamos el cuerpo. Nuestra alma y nuestro corazón vivirán para siempre.

El amor de Cristo es siempre más fuerte que el mal en el mundo; por lo tanto necesitamos amar y ser amados.

En esta Navidad, cuando Cristo llegue... ¿Hallará un corazón cálido esperándolo? Convierte el periodo de Adviento en un continuo amar y servir a otros, siguiendo las enseñanzas sobre el amor y la dedicación del mismo Dios.

Creo que en la vida no existe la suerte, todo es el amor de Dios.

No dejen de llevar a Jesús a la gente con que tratan, no sólo a través de palabras sino a través del ejemplo, amando a Jesús, irradiando su sacralidad y derramando su amor dondequiera que vayan. La alegría de Jesús será la fuerza de ustedes. Traten de irradiar cuanto hagan con una gran sonrisa. Ustedes le pertenecen. Reafirmen su entrega a Él, repitiéndole: "Soy todo tuyo, y si Tú me cortas en pedazos, cada fragmento mío seguirá perteneciéndote sólo a Ti". Permitan que Jesús sea la víctima y el sacerdote en cada uno de ustedes.

Los pobres son un don de Dios, son nuestro amor. Cristo no nos preguntará cuánto hicimos, sino cuánto amor pusimos en nuestra obra. Hay mucha gente con una inmensa pobreza espiritual. Esa pobreza espiritual se encuentra en Europa, en los Estados Unidos, y es una pesadísima carga. En esos países es muy difícil transmitir el sentido del amor de Dios...

Los pobres son "esperanza". Pero a través de su coraje cotidiano representan, realmente, la esperanza del mundo. Nos han enseñado una forma distinta de amar a Dios, a través de su inmensa necesidad, que nos hace dar lo máximo de nosotros para ayudarlos.

Mira a la cruz y verás la cabeza de Jesús inclinada para besarte, sus brazos extendidos para abrazarte, su corazón abierto para recibirte, para encerrarte en su amor. Sabiendo que Su Cruz no fue sino Su gran amor por ti y por mí, aceptemos Su Cruz dondequiera que Él nos la ofrezca; brindémosle con alegría todo lo que Él nos exige, porque así sabremos que somos sus discípulos, que pertenecemos a Jesús, que el trabajo que tú y yo y todos nuestros Hermanos y Hermanas realizan, no es sino amor en acción...

Hambriento de amor, te mira. Sediento de cariño, te implora. Desnudo de lealtad, pone sus esperanzas en ti. Enfermo y prisionera, espera tu amistad. Carente de hogar, busca abrigo en tu corazón. ¿Le abrirás tu corazón y te brindarás a Él?

Sean bondadosos y caritativos. No dejen nunca que nadie que haya acudido a ustedes se vaya sin sentirse mejor y más feliz. Sean la expresión viva de la bondad de Dios: bondad en sus rostros, en sus ojos, en su sonrisa, en su cálido saludo.

Seamos hoy el rayo de sol que emana del amor de Dios... Seamos felices y dediquemos nuestro esfuerzo muy especialmente en convertirnos en el símbolo de la alegría divina en nuestra comunidad.

Los pobres deben saber que los amamos, que los queremos. Ellos mismos no tienen nada para dar, sino su amor. Nos preocupamos de cómo hacer llegar nuestro mensaje de amor y de compasión. Procuramos llevar la paz al mundo a través de nuestro trabajo. Pero recordemos que el trabajo es un don de Dios.

El amor de Cristo debe ser un lazo vivo entre todos nosotros. Es así como el mundo sabrá que somos verdaderos misioneros de la caridad.

Quizá sea sólo una sonrisa, una breve visita, o simplemente la acción de encender el fuego para alguien, escribir una carta para un ciego, llevar al necesitado un poco de carbón, conseguirle al descalzo un par de zapatos, leerle unas páginas al inválido… Sí, son todas cosas muy, muy pequeñas, pero que reflejan nuestro amor en acción.

No podemos hacer grandes cosas, pero sí cosas pequeñas con un gran amor. Las Hermanas hacen obras "pequeñas": ayudar a los niños, visitar a los que están solos, a los enfermos, a aquellas personas que nadie quiere. En una de las casas que las Hermanas visitaron, hallaron a una mujer, que vivía sola, muchos días después de que había muerto. Y fue hallada porque su cuerpo había comenzado a descomponerse. La gente que vivía a su alrededor ni siquiera sabía su nombre. Cuando alguien me dijo que las Hermanas no habían emprendido grandes obras, que sólo llevaban a cabo, silenciosamente, cosas pequeñas, respondí que con que ayudase a una sola persona ya sería suficiente. Jesús hubiese muerto por una sola persona, por un solo pecador.

Dios nos da la inmensa fuerza y la inmensa alegría de amar a quienes Él ha elegido. Pero, ¿realmente usamos esa fuerza y esa alegría? ¿Adónde la aplicamos? Jesús dijo: "Amaos los unos a los otros"; no dijo: "Amen al mundo". Nos indicó muy concretamente que amemos a nuestro prójimo, aquí y ahora, a nuestro hermano y a nuestro vecino, a nuestro esposo y a nuestra esposa, a nuestros hijos y a nuestros mayores.

A fin de hacernos más fácil amar a Dios de verdad, Jesús, una y otra vez, nos repitió: "Amaos los unos a los otros como yo os he amado". Cuando miramos la Cruz, sabemos cuánto nos amó Él. Cuando estamos frente al Tabernáculo, sabemos cuánto nos sigue amando.

Y para "facilitarnos" la entrega de ese amor, nos dijo: "Lo que hagan por el más pequeño de Mis hermanos, lo hacen por mí".

Abramos nuestros corazones al amor de Dios, ese amor que Él nos brinda porque nos ama tiernamente. Y Él nos da ese amor no para conservarlo y esconderlo, sino para compartirlo.

No teman. Dios nos ama y quiere que nos amemos los unos a los otros como él nos amó. Aun siendo tan débiles y miserables. Él nos ama con su amor infinitamente fiel.

Si no tenemos a Jesús en nuestros corazones, es muy difícil llevárselo a los demás.

Todos debemos convertirnos en portadores del Amor de Dios. Pero, para lograrlo, tenemos que profundizar nuestra vida de amor, oración y sacrificio.

El significado de la Eucaristía es la comprensión del amor. Cristo comprendió. Comprendió que teníamos un hambre inmensa de Dios. Comprendió que habíamos sido creados para ser amados, y así Él se convirtió en el Pan de Vida, diciendo: "A no ser que coman Mi carne y beban Mi sangre, no podrán vivir, no podrán amar, no podrán servir". Tenemos que comer este Pan y la bondad del amor de Cristo, para compartir su comprensivo amor.

Él también quiere darnos la oportunidad de transformar nuestro amor por Él en acción viva. Él se convierte en el hambriento, no sólo de pan sino de amor. Él se convierte en el desnudo, no sólo por un manto que lo abrigue, sino por ese amor, por esa dignidad humana. Él se convierte en el que no tiene hogar, no sólo por ese lugar en un pequeño cuarto, sino por ese sincero y profundo amor hacia el prójimo, que es la Eucaristía. Este es Jesús, el Pan Vivo. Él, que ha venido a compartir su divinidad con nosotros.

Cuando Jesús habla del hambre, no sólo se refiere al hambre física, sino al hambre de amor, de comprensión, de calidez. Él ciertamente supo lo que es la falta de afecto. Vino a vivir entre los suyos y fue rechazado. Supo lo que significa la soledad, el rechazo y el "no pertenecer a ninguna parte". Este tipo de hambre predomina en nuestro mundo actual, y destruye muchas vidas, muchos hogares y muchos países. Ser desposeído no sólo significa no tener un techo sobre la cabeza, sino también no tener quién nos comprenda, quién nos ame. Este tipo de privación clama a gritos por alguien que esté dispuesto a abrir su corazón y albergar a los solitarios, que no tienen familia ni afectos de ningún tipo.

Dios vive en nosotros. Eso es lo que le da tan inmenso poder. No importa dónde estemos, mientras mantengamos puro nuestro corazón. Él está ahí con nosotros y dentro de nosotros las veinticuatro horas del día. Pureza de corazón significa total apertura, total libertad, una total liberación que nos permita amar a Dios sin impedimentos, sin obstáculos. Cuando el pecado entra en nuestras vidas, se constituye en un obstáculo personal entre nosotros y Dios. Dios no puede actuar a través de nosotros a darnos fuerzas, si el pecado se interpone entre Él y nosotros. El pecado es sinónimo de esclavitud.

La nuestra es una misión de amor. Tenemos que llevar a Cristo a la gente, no traer a la gente hacia Cristo.

Para servir a los pobres, necesitamos amarlos. Para amar a los pobres, necesitamos, ante todo, conocerlos. Y conocerlos significa conocer a Dios. Además, tenemos que vivir con los pobres, y vivir con ellos significa vivir con Dios. Y por último, les tenemos que abrir nuestro corazón para amarlos, brindarles nuestras manos para servirles, y eso significa amar y servir a Dios.

HUMILDAD Y ENTREGA

_____ ✢ _____

Adviento es como la primavera. Llega como un pequeñín, que necesita muchísimo de su Madre. Dejad que sintamos y toquemos la grandeza que llena la inmensa profundidad de su humildad, la humildad de Jesús y María. Si realmente deseamos que Dios nos llene, tenemos que vaciarnos de todo egoísmo a través de la humildad.

Nadie como María comprendió la lección de la humildad. Ella fue la sierva. Y ser la sierva significa estar a disposición de alguien, que nos utilizará según sus deseos, con plena confianza y alegría. El buen humor y la alegría fueron el fuerte de Nuestra Señora. Sólo la alegría pudo darle la fuerza de correr por los montes de Judea para servir a su prima. Crucemos corriendo los montes de las dificultades. ¡Cuánto podemos aprender de Nuestra Señora! Fue tan humilde porque se había entregado íntegramente a Dios. Se hallaba plena de gracia, y hacía uso del inmenso poder de que disponía: la gracia del Señor.

Uno de los actos más hermosos de Nuestra Señora fue cuando, tan pronto Jesús llegó a su vida, corrió en busca de su prima Isabel para compartir a Jesús con ella y con el hijo que ésta llevaba en su vientre. Y leemos en el Evangelio que el niño "saltaba de alegría" en el vientre de su madre Isabel, al primer contacto con Cristo. Nuestra Señora era como un maravilloso cable conductor. Permitió a Dios llenarla por completo, y a través de su sumisión total: "Hágase en mí según tu palabra", quedó repleta de la gracia del Señor, gracia que se apresuró a transmitir a Juan. Así que pidámosle ahora al Señor que nos utilice para recorrer el mundo, y en especial nuestra propia comunidad, para seguir conectando los cables de los corazones humanos a la energía que nos brinda Jesús.

Dos cosas encuentro admirables en Dios: su bondad y humildad. Ambas cualidades realmente sobrecogen. Dios real y verdaderamente es humilde. Desciende al mundo y se vale de instrumentos tan débiles e imperfectos con nosotros. Se digna a actuar a través de nosotros. ¿Acaso no es maravilloso?

Es hermoso ver la humildad de Cristo. Esta humildad que vemos en el pesebre, en su exilio en Egipto, en su vida recoleta, en su incapacidad para hacerse comprender por la gente, en la deserción de sus apóstoles, en el odio de los judíos, en los terribles sufrimientos de su pasión, y en su muerte. Y aún ahora nos manifiesta su humildad en forma permanente en el Tabernáculo, reducido a una pequeña partícula de pan, que el sacerdote puede sostener entre dos dedos.

Recemos para poder dar la bienvenida a Jesús en Navidad. No en el frío pesebre de nuestro corazón, sino en un corazón lleno de amor y humildad, un corazón cálido de afecto hacia el prójimo.

Los más humildes siempre son los que más ayudan. Los ricos, a veces, suelen prescindir de la caridad para no enfrentarse a la necesidad del prójimo. Como si sintieran culpa, prefieren no enterarse del dolor ajeno.

Cuanto más nos liberemos de nuestro egoísmo, tanto más espacio interior tendremos para que Dios nos llene... Cuanto más nos olvidemos de nosotros mismos, tanto más se acordará Jesús de nosotros. Cuanto más te liberes de ti mismo, tanto más estarás unido a Jesús.

El autoconocimiento nos pone de rodillas y es imprescindible para poder amar. El conocer a Dios nos confiere amor, mientras que a través del auto-conocimiento adquirimos la humildad.

Después del silencio, lo más importante en la for-mación de las Hermanas es la bondad, la caridad. El silencio lleva a la caridad, la caridad lleva a la humildad. La caridad entre ellas, aceptándose mutuamente aun cuando son diferentes. La cari-dad para lograr la unión en una comunidad. La caridad lleva a la humildad. Es imprescindible ser humilde. Siempre me llama la atención la inmen-sa humildad de Dios. Se humilló a Sí mismo. Él, que poseía la plenitud de su Divinidad, tomó la forma de un siervo. Aún hoy, día a día, Dios mues-tra su humildad usándonos de instrumentos, a pesar de todas nuestras diferencias, de nuestra debilidad, de nuestra imperfección.

La entrega total consiste en brindarnos total y

absolutamente a Dios, porque Dios se nos brindó sin reserva alguna. Si Dios, que nada nos debe, está dispuesto a darnos todo, ¿podemos nosotros responder con mezquindad, brindándole sólo una pequeña parte de lo que podríamos dar? Yo renuncio a mi propio yo, con lo cual induzco a Dios a vivir por mí. Para poseer a Dios debemos permitirle poseer nuestras almas. En ustedes Jesús desea revivir hoy su total sumisión a Su Padre. Permítanle hacerlo. No importa cómo se sientan ustedes, mientras Él se sienta bien en ustedes... La sumisión a alguien que nos ama, a quien amamos, es más que un deber... es una bendición.

Las personas son poco razonables,
inconsecuentes y egoístas.
Ámalas de todos modos.
Si haces el bien,
te acusarán de tener oscuros motivos egoístas;
haz el bien, de todos modos.
Si tienes éxito y te ganas amigos falsos
y enemigos verdaderos,
lucha de todos modos.
El bien que hagas hoy,
será olvidado mañana;
haz el bien, de todos modos.
La sinceridad y la franqueza
te hacen vulnerable,

sé sincero y franco de todos modos.
Lo que has tardado años en construir
puede ser destruido en una noche,
construye de todos modos.
Alguien que necesita ayuda de verdad
puede atacarte si lo ayudas,
ayúdalo de todos modos.
Da al mundo lo mejor que tienes
y te golpearán a pesar de ello,
da al mundo lo mejor que tienes de todos modos.

Dios ha creado todas las cosas. Las mariposas, los animales, toda la naturaleza. Las ha creado para nosotros. Lo único que no les ha dado es la fuerza de voluntad que posibilita la elección. Sólo tienen un instinto. Los animales pueden ser muy queribles y a su vez dar mucho cariño, pero lo hacen instintivamente. El ser humano, sin embargo, puede decidir, puede elegir. Esta capacidad es lo único que Dios no acepta que deleguemos en Él. La fuerza de voluntad, la capacidad de querer tal o cual cosa es inherente a cada individuo. Quiero ir al cielo y, con la gracia de Dios, iré. Si elijo el pecado y voy al infierno, es mi elección. Dios no puede obligarme a elegir de otra forma. Es por eso que, cuando abrazamos la vida religiosa, renunciamos voluntariamente a esa fuerza de voluntad. Y es por eso también que el sacrificio es tan grande; el voto de obediencia es el más difícil de hacer. Porque, al hacer ese voto, se renuncia a lo único que a uno realmente le pertenece: la capacidad de decidir y de elegir. Mi salud, mi cuerpo, mis ojos y todo mi ser pertenecen a Dios y Él me los puede quitar. Me puedo caer, me puedo herir, puedo quebrarme, pero con eso no desaparece mi fuerza de voluntad. Tengo que elegir libremente el renunciar a ella, y en ello está realmente el mérito de la entrega.

Dejemos que nuestras vidas expresen totalmente el espíritu de los Misioneros de la Caridad: total entrega a Dios y confianza y amor mutuo. Si realmente recibimos ese espíritu, nos convertiremos en verdaderos colaboradores de Cristo y en mensajeros de Su amor. Ese espíritu debe brotar en nuestros corazones y transmitirse a nuestras propias familias, a la comunidad en que vivimos, a la ciudad, al país, y a todo el mundo.

La entrega es el verdadero amor. Cuanto más nos entregamos, tanto más amamos a Dios y a las almas. Si realmente amamos a las almas, tenemos que estar dispuestos a tomar su lugar, a asumir sus pecados y expiarlos. Tenemos que convertirnos en holocaustos vivientes, ya que las almas nos necesitan como tales.

No hay límite para el amor de Dios. No tiene dimensión, y sus fronteras son inconmensurables: "No os dejaré huérfanos".

Jesús nos quiso enseñar humildad predicando con el ejemplo. Lavó los pies de sus discípulos. Entregó su propio cuerpo.

Señor, ayúdanos a ver en Tu crucifixión y en Tu resurrección un ejemplo de cómo soportar la agonía y el conflicto de la vida cotidiana, para que podamos vivir más plena y creativamente. Tú aceptaste paciente y humildemente las sombras de la vida humana, e incluso las torturas de Tu pasión y crucifixión. Ayúdanos a aceptar los dolores y los conflictos que se nos presentan día a día como oportunidades para crecer como seres humanos y parecernos cada día más a Ti. Danos fuerza para soportarlos con coraje y paciencia, confiando en que Tú nos apoyarás. Permítenos tomar conciencia de que sólo a través de la aparente y reiterada muerte de nosotros mismos y de nuestros deseos egocéntricos, podremos llegar a vivir más plenamente. Porque sólo muriendo contigo, podremos también resucitar contigo.

Nada poseía ya Nuestro Señor en la cruz... esa cruz que incluso le había sido dada por Pilato. Los soldados pusieron los clavos y la corona de espinas. Estaba desnudo cuando murió, y además le quitaron la cruz, los clavos y la corona. Fue envuelto en una mortaja donada por un alma caritativa, y enterrado en una tumba que no era Suya.

Sin embargo, Jesús podría haber muerto como un rey, y podría haber resucitado como un rey. Pero Él eligió la pobreza, porque sabía, en su sabiduría infinita, que esa es la verdadera forma de poseer a Dios, de conquistar Su corazón, de hacer que Su amor descienda del cielo a la tierra.

Roguemos a Nuestra Señora para que nuestros corazones sean "mansos y humildes" como lo fue el corazón de su Hijo. Es tan fácil ser orgulloso, duro y egoísta... ¡tan fácil! Pero hemos sido creados para cosas más grandes, ¡cuánto podemos aprender de Nuestra Señora! Fue tan humilde porque se había entregado plenamente a Dios. Estaba llena de gracia.

Para poder ver el rostro de Dios, necesitamos un corazón limpio, un corazón lleno de amor, y uno solamente pude tener su corazón de esa forma si el mismo es completamente puro, limpio y libre. Mientras no seamos capaces de escuchar esa voz en nuestro propio corazón, no seremos capaces de expresar nuestro amor a través de la acción.

La humildad no es sino la verdad. "¿Qué poseemos que no hayamos recibido de otro?", pregunta San Pablo. Y si todo cuanto tengo lo he recibido, ¿qué bienes propios puedo poseer? Si estamos convencidos de esto, nunca levantaremos la cabeza con arrogancia. Si somos humildes, nada nos afectará, ni las lisonjas ni el descrédito, porque sabemos lo que somos. Si nos acusan, no sentiremos desaliento. Y si nos califican de santos, nunca nos colocaremos en un pedestal.

Cada uno de nosotros tiene mucho bien y mucho mal en su interior. No nos vanagloriemos de nuestros éxitos, más bien atribuyámoslos todos a Dios.

Pidamos a Nuestra Señora que haga que nuestros corazones sean "sumisos y humildes" como lo fuera el corazón de Su Hijo. Fue en ella y por ella que el corazón de Jesús fue conformado. Aprenderemos humildad si sabemos aceptar con alegría cualquier tipo de humillaciones. Hemos sido creados para cosas más grandes; ¿por qué inclinarnos hacia las bajezas que no harán sino arruinar la belleza de nuestros corazones? ¡Cuánto podemos aprender de Nuestra Señora! Ella siempre hizo uso de esa fuerza todopoderosa que poseía, para bien de los demás. Pidan a Nuestra Señora que le diga a Jesús: "No tienen vino", no tienen el vino de la humildad y de la sumisión, el vino de la bondad y de la dulzura…

VARIOS

Siempre somos capaces de elegir: el bien y el mal. Nadie es malo por naturaleza. Dios nos creó para destinos superiores. Al olvidar su llamado, obramos mal, pero no por ello perdemos todo lo bueno que hay en nuestra naturaleza.

Grita aquel que no tiene nada que expresar. A partir del ruido, tratan de llenarse de estímulos. De allí la droga, el alcohol, las salidas a lugares nocturnos. También la televisión encendida todo el día, aunque no haya nada valioso para ver.

Sólo hay que hablar con Dios. Él es nuestro Padre, sea cual fuere nuestra religión. Todas las religiones tienen su derecho a la verdad.

Los milagros suceden a diario. Son consecuencia permanente del amor en acción. Son los resultados lógicos de alinearse con la providencia de Dios y entregarse a Él.

Tómate tiempo para pensar; tómate tiempo para rezar; tómate tiempo para reír. Es la fuente del poder, es el mayor poder sobre la Tierra, es la música del alma. Tómate tiempo para jugar; tómate tiempo para amar y ser amado; tómate tiempo para dar.

Es el secreto de la perpetua juventud, es el privilegio que nos da Dios; el día es demasiado corto para ser egoísta. Tómate tiempo para leer; tómate tiempo para ser amable; tómate tiempo para trabajar. Es la fuente de la sabiduría, es el camino hacia la felicidad, es el precio del éxito. Tómate tiempo para hacer caridad, es la llave del Cielo.

Cuando una persona elige el mal, se alza un obstáculo entre ella y Dios y le es imposible ver a Dios con claridad.

Siempre he dicho que nuestra misión es ayudar a un hindú a ser mejor hindú, a un musulmán a ser mejor musulmán, a un católico a ser mejor católico.

Díselo todo a nuestro Padre. Él es el Padre de todos nosotros, sea cual fuere tu religión. Todos hemos sido creados por Dios, somos sus hijos.

La santidad es un deber de todos, no es un lujo para unos pocos elegidos.

Detrás de cada línea de llegada hay una partida. Detrás de cada logro hay otro desafío. Mientras estés vivo, siéntete vivo. Si extrañas lo que hacías, vuelve a hacerlo. No vivas de fotos amarillas.

El ayer ya se fue y el mañana todavía no ha llegado, por lo tanto debemos vivir cada día como si fuera el último, para que cuando Dios nos llame, estemos listos para morir con el corazón puro.

Morir no es el fin, es sólo el comienzo. La muerte es la continuación de la vida. Este es el sentido de la vida eterna: nuestra alma va hacia Dios.

¿Por qué esa gente y yo no? ¿Por qué está aquí esta persona recogida del arroyo y yo no? Este es el misterio. Nadie lo puede contestar. Pero no nos corresponde a nosotros decidir; sólo Dios puede decidir sobre la vida y la muerte. Es posible que la persona sana esté más cerca de la muerte, e incluso más muerta, que la persona que se está muriendo. Pueden estar espiritualmente muertos, sólo que no se nota. Pero, ¿quiénes somos nosotros para decidirlo?

Tenemos que proclamar a Cristo a través de nuestra forma de hablar, de nuestra forma de caminar y de reír, a través de nuestra vida misma, de modo que todos sepan que le pertenecemos. Proclamar no es predicar, es simplemente ser.

La primera lección que nos da el Sagrado Corazón de Jesús es aprender a examinar nuestra conciencia: "Conócete a ti mismo". El examen de conciencia es un trabajo conjunto entre nosotros y Jesús. No nos detengamos en inútiles consideraciones de nuestras propias miserias, sino preocupémonos por elevar nuestros corazones a Dios y a Su luz.

Corremos el riesgo de olvidarnos de que somos pecadores.

La amargura y el orgullo son hermanos gemelos y el mal humor y la irritabilidad son sus inseparables acompañantes. No permitas que permanezcan en tu corazón cuando te acerques al altar de Dios. Ve con el corazón limpio y puro. Ello te permitirá ver a Dios.

Cada uno de nosotros es un colaborador de Cristo, la rama de la vid, pero, ¿qué significa para ti y para mí ser colaborador de Cristo? Significa vivir en Su amor, poseer Su alegría, irradiar Su compasión, ser un testigo de Su presencia en el mundo.

Hoy en día, los países dedican mucho esfuerzo y dinero para defender sus fronteras. Poco saben de la pobreza y del sufrimiento que existen en aquellos países donde viven los más marginados y olvidados. Si los países se dedicaran a defender a esa gente indefensa con alimentos, viviendas y ropas, creo que el mundo sería un lugar más feliz.

Necesitamos ojos llenos de profunda esperanza para ver a Cristo en el cuerpo destruido y en las ropas hediondas que ocultan al más hermoso hijo de los hombres. Necesitaremos de las manos de Cristo para tocar esos cuerpos heridos por el dolor y el sufrimiento. ¡Cuán puras habrían de ser nuestras manos para tocar el cuerpo de Cristo, como lo toca el sacerdote bajo la forma del pan en el altar! ¡Con cuánto amor, devoción y fe eleva éste la Sagrada Hostia! Es ese mismo sentimiento el que debemos experimentar nosotros cuando levantamos el cuerpo del pobre enfermo.

No hacemos nada. Él hace todo. Toda gloria vuelve a Él. Dios no me ha llamado para ser exitoso. Me ha llamado para serle fiel.

Después de trabajar muchos años entre hombres, mujeres y niños moribundos, enfermos, tullidos, físicamente impedidos y deficientes mentales, he llegado a una sola conclusión. Al intentar compartir el sufrimiento de toda esa gente, comencé a comprender lo que Jesús debió sentir cuando se acercó a su pueblo y éste lo rechazó.

Hoy encontramos a Cristo en la gente que es rechazada, en los que no tienen trabajo, en aquellos a quienes nadie cuida, en los hambrientos, en los desnudos y en los que no tienen hogar. Parecen seres inútiles para el estado o para la sociedad, y nadie tiene tiempo para ellos. Somos tú y yo, como cristianos merecedores del amor de Cristo, si nuestro amor por Él es realmente sincero, quienes tenemos que buscar a esos desamparados y ayudarlos.

Hace algún tiempo, alguien preguntó a un caballero hindú: "¿Qué es un cristiano?", y él le dio una respuesta muy simple pero nada común: "Un cristiano es la generosidad". Y analizando la historia de la cristiandad desde un principio, nos encontramos con que esa historia muestra que el cristianismo ha sido un continuo acto de dar.

Hoy, los pobres tienen hambre de pan y de arroz... y de la palabra viva de Dios.

Los pobres tienen sed... de agua y de paz, de verdad y de justicia.

Los pobres sin hogar necesitan un refugio hecho de ladrillos y un corazón alegre que les brinde comprensión, amparo, amor.

Los pobres están desnudos... de dignidad humana y de compasión.

Están enfermos y necesitan del cuidado de su salud, una mano cariñosa y una cálida sonrisa.

Nuestro trabajo requiere que sepamos ver a Jesús en todo ser humano. Él nos dijo que es el hambriento, el desnudo, el sediento. Es Él quien carece de hogar, quien sufre... Todos los que padecen como Él, son Jesús en su terrible sufriente disfraz.

Hambriento de amor, te mira. Sediento de cariño, te implora. Desnudo de lealtad, pone sus esperanzas en ti. Enfermo y prisionero, espera tu amistad. Carente de hogar, busca abrigo en tu corazón. ¿Le abrirás tu corazón y te brindarás a Él?

Para mí, Jesús es El Verbo hecho carne.
El Pan de la vida. La víctima sacrificada en la cruz por nuestros pecados.
El Sacrificio ofrecido en la Santa Misa por los pecados del mundo y por los míos propios.
La Palabra, para ser dicha.
La Verdad, para ser proclamada.
El Camino, para ser recorrido.
La Luz, para ser encendida.
La Vida, para ser vivida.
El Amor, para ser amado.

La Alegría, para ser compartida.

El Sacrificio, para ser dado a otros.

El Pan de Vida, para que sea mi sustento.

El Hambriento, para ser alimentado.

El Sediento, para ser saciado.

El Desnudo, para ser vestido.

El Desamparado, para ser recogido.

El Enfermo, para ser curado.

El Solitario, para ser amado.

El Indeseado, para ser querido.

El Leproso, para lavar sus heridas.

El Mendigo, para darle una sonrisa.

El Alcoholizado, para escucharlo.

El Deficiente Mental, para protegerlo.

El Pequeñín, para abrazarlo.

El Ciego, para guiarlo.

El Mudo, para hablar por él.

El Tullido, para caminar con él.

El Drogadicto, para ser comprendido en amistad.

La Prostituta, para alejarla del peligro y ser su amiga.

El Preso, para ser visitado.

El Anciano, para ser atendido.

Para mí, Jesús es mi Dios.

Jesús es mi Esposo.

Jesús es mi Vida.

Jesús es mi Único Amor.

Jesús es mi Todo.

La Vida

La vida es una oportunidad, aprovéchala.
La vida es belleza, admírala.
La vida es beatitud, saboréala.
La vida es sueño, hazlo realidad.
La vida es un reto, afróntalo.
La vida es un deber, cúmplelo.
La vida es un juego, juégalo.
La vida es preciosa, cuídala.
La vida es riqueza, consérvala.
La vida es amor, gózala.
La vida es misterio, devélalo.
La vida es promesa, cúmplela.
La vida es tristeza, supérala.
La vida es himno, cántalo.
La vida es combate, acéptalo.
La vida es una tragedia, domínala.
La vida es aventura, arrástrala.
La vida es felicidad, merécela.
La vida es la vida, defiéndela.

Dios siempre cuida de sus criaturas, pero lo hace a través de los hombres. Si alguna persona muere de hambre o pena, no es que Dios no la haya cuidado, es porque nosotros no hicimos nada para ayudarla, no fuimos instrumentos de su amor, no supimos reconocer a Cristo bajo la apariencia de ese hombre desamparado, de ese niño abandonado.

Prefiero cometer errores con gentileza y compasión antes que obrar milagros con descortesía y dureza.

Si sientes que la edad te doblega, recuerda estas palabras:
La piel se arruga,
El pelo se vuelve blanco,
Los días se convierten en años...
Pero lo importante no cambia;
Tu fuerza y tu convicción no tienen edad.
Tu espíritu es el plumero de cualquier tela de araña.
Sigue aunque todos esperen que abandones.
No dejes que se oxide el hierro que hay en ti.
Haz que en vez de lástima, te tengan respeto.
Cuando por los años no puedas correr, trota.
Cuando no puedas trotar, camina.
Cuando no puedas caminar, usa el bastón.
Pero, ¡nunca te detengas!

Espero con toda mi alma estar viviendo un proceso de conversión. No me refiero a lo que usted quizá piense. Espero convertir corazones. Ni siquiera Dios todopoderoso puede convertir a quien no desea realmente, fervientemente su conversión. Lo que intentamos todos nosotros a través de nuestro trabajo, a través del servicio al prójimo, es acercarnos más a Dios. Si cuando nos encontramos con Él frente a frente, lo aceptamos plenamente en nuestra vida, nos estamos convirtiendo. Seremos un hindú mejor, un musulmán mejor, un católico mejor; es decir seremos mejores, sea cual fuere la religión que profesemos. Al ser mejores personas, nos iremos acercando más y más a Él. Y si llegamos a incorporarlo plenamente a nuestras vidas, con una aceptación total, entonces, recién entonces, podremos hablar de conversión. ¿Qué enfoque, qué filosofía usaremos para alcanzar esta conversión? Yo, por supuesto, lo haré a partir del catolicismo, Usted quizá lo haga a partir de la religión hindú, otro a partir del budismo, cada uno según los dictados de la propia conciencia. Y cada uno tendrá que aceptar a Dios tal como él mismo lo vive en su mente y en su corazón. Lo cual no me impedirá a mí tratar, una y otra vez, de transmitir lo que yo llevo en mi corazón.

No temo ni me avergüenzo al afirmar que estoy enamorada de Jesús, porque Él lo es todo para mí. Pero usted puede tener una visión totalmente distinta de la vida. La gente suele creer que "conversión" es cambiar de un día para el otro... pero la cosa no es así. Nadie, ni siquiera su padre o su madre, puede lograr un cambio de este tipo. Ni siquiera Dios puede forzar semejante cambio. Ni siquiera Jesús, que siendo Dios vivo, podía llevar a cabo el milagro de la conversión si la gente no le abría su corazón.

Lo que importa para cada individuo es a qué Iglesia pertenece, qué fe profesa. Porque si piensa y cree que este es el único camino que lo conducirá hacia Dios, Dios utilizará este camino para llegar a su vida. Si no conoce otro camino y no tiene dudas que lo orienten hacia otra búsqueda, ése será el camino que lo llevará a la salvación eterna, y el camino por el cual Dios se le acercará para salvarlo. Pero, si llega a tener la gracia y el deseo de conocer y saber más sobre Dios, sobre la fe, sobre la religión, tiene la obligación de buscar hasta encontrar a Dios; de lo contrario, perderá su camino. Dios da a cada alma que ha creado la posibilidad de hallarlo, de encontrarse con Él cara a cara, de aceptarlo o rechazarlo.

Los pobres, los leprosos, los desposeídos, los relegados y aun los alcohólicos a quienes servimos, son gente magnífica. Muchos de ellos poseen personalidades extraordinarias. Deberíamos comunicar esta experiencia que obtenemos en la tarea de servirles y atenderlos, a quienes no tienen o nunca han tenido esa hermosa posibilidad. Esa experiencia constituye una de las cosas más reconfortantes dentro de nuestro trabajo.

No quiero que dejen de pecar porque teman al infierno o el purgatorio, sino porque aman a Jesús.

El ser humano necesita silencio.

Para estar solo o en una comunidad, buscando a Dios en silencio. Es en esa soledad donde acumulamos y encontramos la fuerza interior que devolvemos en acción, la fuerza que ponemos en la más insignificante obligación y nos ayuda a sobreponernos a las más serias dificultades que se nos presentan.

Antes de la creación fue el silencio, y los cielos se separaron sin un solo sonido.

Cristo nació en el silencio de la noche; y sin embargo no hubo poder como el Suyo. "No trató de imponerse ni gritó, ni se escuchó su voz en las calles".

El sufrimiento de unos puede ser provocado por la ambición de otros.

El sufrimiento en sí mismo no puede traer alegría, pero sí la visión de Cristo a través del dolor.

Silencio. Quédense a solas con Él en el corazón. Nuestra Señora, aun al pie de la cruz, sufrió en silencio.

Si no se vive para los demás, la vida carece de sentido.

En Melbourne visité a un anciano, de cuya existencia ya nadie se acordaba. Vi que su cuarto estaba en un estado calamitoso, y quise limpiarlo, pero él me detuvo: "Estoy bien así", me dijo. Me quedé esperando un poco, y finalmente me permitió realizar mis tareas. En su habitación había una hermosa lámpara, cubierta de polvo. "¿Por qué no enciende la lámpara?", le pregunté, y él me replicó: "¿Para qué? Nadie viene a verme, y yo no necesito lámpara". Entonces le propuse: "¿Encenderá la lámpara si las Hermanas vienen a visitarlo?" "Sí", me respondió, "si escucho una voz humana en mi cuarto, encenderé la lámpara". Hace unos días me hizo llegar un mensaje: "Dígale a mi amiga que la lámpara que encendió en mi vida no deja nunca de arder y de dar luz".

Hay una especie de milagro que ocurre todos los días. No pasa un solo día sin que recibamos una pequeña atención de Dios, algún signo de Su amor y de Su preocupación por nosotros. Como por ejemplo, aquella vez que nos quedamos sin comida a causa de las lluvias y de las inundaciones. Como medida de seguridad, en Calcuta se cerraron todas las escuelas, y el pan que habitualmente se destinaba a la merienda escolar nos fue entregado para que nuestra gente no pasase hambre.

Durante dos días, nuestros pobres tuvieron suficiente pan como para saciar su hambre.

El mayor milagro en este mundo es que Dios puede actuar a través de nosotros, los hombres, que comparados con Él, no somos nada. Sin embargo, nos utiliza para que cumplamos con su tarea divina.

El mero hecho de que Dios haya puesto a determinada alma especial en nuestro camino es una señal de que Dios quiere que hagamos algo por él o por ella. Y no es casualidad. Todo ha sido planeado sabiamente por Él. Nuestra conciencia nos obliga a ayudar.

Tratemos de convertirnos en verdaderas ramas, cargadas de frutos, de la vid de Jesús. Démosle la bienvenida en nuestras vidas, cada vez que Él quiera acercársenos. Viene a nosotros como la Verdad que tiene que ser dicha, como la Vida que tiene que ser vivida, como la Luz que tiene que ser reflejada, como el Amor que tiene que ser amado, como el Camino que tenemos que andar, como la Felicidad que tenemos que irradiar, como la Paz que tenemos que implantar, como el sacrificio que tenemos que ofrecer en nuestras familias y con nuestros prójimos, cercanos o distantes.

La Misa es el alimento espiritual que me sostiene, sin el cual no podría vivir un solo día, una sola hora de mi vida. En la Misa está Jesús bajo la forma del pan, mientras en los barrios bajos vemos a Cristo y lo tocamos en los cuerpos lastimados, en los niños abandonados.

ÚLTIMA ENTREVISTA A LA
MADRE TERESA DE CALCUTA

─────────────── ✝ ───────────────

Esta entrevista fue concedida a la revista misio-
nera *Sem Fronteras*, que se publica en Brasil, en el
año de 1997. He aquí algunos pasajes que transmitió la Agencia Internacional Católica de
Noticias Zenit:

*Sem Fronteras (SF): ¿Actualmente, cuántas
Misioneras de la Caridad hay?*
Madre Teresa de Calcuta (MT): Tenemos 3 604
hermanas que ya han pronunciado los votos reli-
giosos, 411 novicias y 260 aspirantes a religiosas.
Nos encontramos en 119 países. En este momento disponemos de 560 tabernáculos o casas.
SF: ¿Por qué los llaman tabernáculos?
MT: Esto se debe a que Jesús está presente en
estas casas. Son casas de Jesús. Nuestra herman-
dad quiere ayudar a que las personas puedan saciar
su sed de Jesús. Con ello tratamos de rescatar y
santificar a los más pobres de los pobres. Pro-

nunciamos los votos de castidad, pobreza y obediencia. Pero hemos recibido, además, una autorización especial para hacer un cuarto voto: ponernos al servicio de los más pobres de los pobres.

SF: Constantemente usted afirma que no existe amor sin sufrimiento.

MT: Así es, el amor verdadero hace sufrir. Cada vida y cada relación familiar tienen que ser vividas honradamente. Esto implica muchos sacrificios y mucho amor. Pero, al mismo tiempo, estos sufrimientos siempre van acompañados por un gran sentimiento de paz. Cuando en una casa reina la paz, allí se encuentran también la alegría, la unión y el amor.

SF: Su congregación ha fundado casas para enfermos de sida en varias partes del mundo...

MT: Hasta hace algunos años, muchas personas llegaban incluso a suicidarse cuando recibían la noticia de que estaban contagiados de sida. Hoy en día ni un enfermo que esté en nuestras casas muere en la desesperación y en la angustia. Todos, incluidos los no católicos, mueren en la paz del Señor. ¿No cree que esto es algo maravilloso?

SF: Las reglas de su congregación señalan que el trabajo por los pobres ha de realizarse tanto «en la esfera espiritual como en la material». ¿Qué entiende por pobreza espiritual?

MT: Los pobres espiritualmente son aquellos

que todavía no han encontrado a Jesús, o los que se han alejado de Él por culpa del pecado. Los que viven en la calle también tienen necesidad de ser ayudados en este sentido. Por otra parte, me hace muy feliz el constatar que, en nuestro mundo, podemos contar también con la ayuda de gente bien colocada, a quienes damos la oportunidad de hacer una buena obra en nombre de Dios.

SF: *¿También reciben ayuda de personas de otras religiones?*

MT: Desde luego, de musulmanes, hindúes, budistas y muchos otros. Hace unos meses, un grupo de budistas japoneses vino a hablar conmigo sobre espiritualidad. Les dije que ayunamos el primer viernes de cada mes y que el dinero que ahorramos lo destinamos a los pobres. Cuando volvieron a su país, les pidieron a las familias y comunidades budistas que hicieran lo mismo. El dinero que recolectaron nos sirvió para construir el primer piso de nuestro centro *Shanti Dan* (Don de Paz) que está destinado a las muchachas que se encuentran en la cárcel. Más de cien muchachas ya han salido de prisión.

SF: *Muchos de sus críticos aseguran que lo único que desea es convertir a los que no son cristianos…*

MT: Nadie puede forzar o imponer la conversión: únicamente se da por la gracia de Dios. La mejor conversión se da cuando ayudamos a las personas a amarse unas a otras. Nosotros, que somos pecadores, hemos sido creados para ser hijos de Dios y tenemos que ayudarnos mutuamente para estar lo más cerca posible de Él. Todos nosotros hemos sido llamados a amarle.

SF: Usted asegura que las Misioneras de la Caridad no son asistentes sociales.

MT: Somos contemplativas, pues «rezamos» nuestro trabajo. Llevamos a cabo un trabajo social, pero somos mujeres consagradas a Dios en el mundo de hoy. Hemos dado nuestra vida a Jesús, como Jesús nos da su vida en la Eucaristía. El trabajo que realizamos es significativo, pero lo importante no es la persona que hace ese trabajo. Hacemos esto por Jesucristo, porque lo amamos. Pero no somos capaces de hacer todo. De cualquier manera, yo siempre rezo por todos aquellos que se preocupan por las carencias y miserias del pueblo. Muchas personas ricas se han unido a nuestra acción. Personalmente no tenemos nada. Vivimos de la caridad y por la caridad.

SF: Y de la Providencia…

MT: Todo el tiempo afrontamos necesidades imprevistas. No obstante Dios es infinitamente piadoso. Siempre se preocupa por nosotras.

SF: ¿A qué se debe que tantas jóvenes entren en su congregación?

MT: Creo que valoran nuestra vida de oración.

Rezamos cuatro horas al día. Además, saben lo que hacemos por los pobres. No es que sean labores trascendentes o impresionantes. Lo que hacemos es muy discreto, pero nosotros lo hacemos por los más pequeños.

SF: Usted es una persona muy famosa. ¿Nunca se cansa de ver a tanta gente, de las fotografías…?

MT: Considero todo eso como un sacrificio, pero también como una bendición para la sociedad. Dios y yo hicimos un trato, le he dicho: «por cada foto que me tomen, Tú encárgate de sacar un alma del Purgatorio…» —entre risas, añade—: creo que a este ritmo, el Purgatorio se va a vaciar muy pronto.

SF: ¿Qué mensaje le gustaría darnos?

MT: Ámense los unos a los otros, como Jesús los ama. No tengo nada más que agregar al mensaje que Jesús nos dejó. Para poder amar es necesario tener un corazón puro y orar. El fruto de la oración es la profundización en la fe. El fruto de la fe es el amor. Y el fruto del amor es el servicio al prójimo. Esto nos trae paz.

ÍNDICE

✝

✝

Mi legado, de la Madre Teresa
de Calcuta, fue impreso en
noviembre de 2005, en Q
Graphics, Oriente 249-C, núm.
126, C.P. 08500, México, D.F.

✝